病是教養出來的

【第四集】

你有所不知的**創傷**與**學習困難**

許姿妙 醫師 著

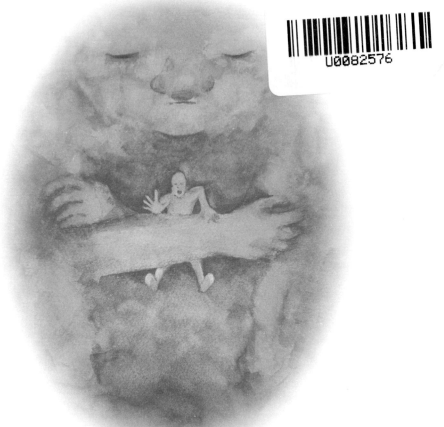

焦慮而敏感的孩子,是以一種心魂疼痛的方式在體驗這個世界。
請以理解代替責備,為孩子的入世鋪路。

只要大人進步一點點,孩子就會前進一大步。

正確的教育是最好的預防醫學

距離《病是教養出來的‧第三集‧12 感官之初階感官》出版，已經時隔八年。八年當中，不斷有讀者關心詢問，第四集何時出版？是不是接著講「十二感官之中階感官」呢？我本來也是如此計畫，但是就在第三集出版後不久，我創辦了華德福大地實驗中小學，直接投入教育工作的現場。

身為一名醫師，進到學校裡可以做什麼呢？魯道夫‧施泰納博士（Dr. Rudolf Steiner）在創建華德福學校之初，建議華德福學校設置的十二項基本要素之一，就是學校應該設有校醫。校醫在學校，不只是被動等待孩子生病才開始工作，而是主動的從醫學角度，觀察孩子的各項發展是否正常。比如說，老師從教育學的觀點，觀察到班上某個孩子有行為問題，在校醫介入後，會看到孩子學習困難或行為問題的背後，其實隱藏著某些健康問題。

這八年期間，除了創辦學校的校務極繁忙，我也投入和老師們一起工作，了解孩子各種面向的發展。我常說「正確的教育是最好的預防醫學」，所以我也花了很多時間跟家長工作，對家長們演講，讓他們明白不同年齡階段孩子的發展特質，應該如何用適合的方法協助不同年齡的

孩子。因為家庭是教育的第一個現場，家庭教養孩子的方式不恰當，就會造成孩子的問題和困難，孩子又把這些難題帶到學校，老師如果只處理孩子的行為，也不過是在事情的結果上做文章，效果很有限。更積極的做法，是帶著家長與孩子一起成長，讓他們真正了解自己孩子的發展階段，以便用更正確和恰當的方法教養孩子。

也因為這八年來密集的與老師和家長工作，才會有如今的《病是教養出來的·第四集》誕生。本書延續第三集的「十二感官之初階感官」，寫的卻不是中階感官，而是探討因身心創傷造成的初階感官發展失調所衍生出來的學習困難。基於這些年來的工作體會，我認為這個主題是家長與老師迫切需要了解的議題，因為初階感官發展不健全，中階和高階感官自然也無法正常發展；中高階感官未能正常發展，就會明顯暴露學習困難的問題，而解決之道，還是要回歸到療癒初階感官的發展失調，才能夠解決中高階感官的發展問題。就像蓋房子一樣，地基沒有打好的話，房子可能傾斜或容易倒塌。尤其是最近幾年在與家長工作時，特別感受到他們對孩子未來升大學的焦慮感更甚以往。然而過度執著於孩子能否考上「好的大學」，反而錯失了教育最重要的核心，這個核心價值就是：讓孩子未來發展成為一個身心靈平衡的自由人。身為師長，應該關切的不是孩子的考試成績，而是時刻看見眼前每個孩子的不同，幫助他們找到各自不同的人生使命，透過教育的不同階段，喚醒孩子不同層次的意識。

台灣大多數的家長很擔心孩子的學習，因為這關乎未來能否考上理

想的大學，可否找到高收入的穩定工作；老師最想要的是孩子們都乖乖學習，不要有行為問題，這樣子作育英才最輕鬆有效率；而國家現在最擔心的孩子問題，就是嚴重的少子化。從我創辦華德福幼兒園，再到創辦華德福中小學這十多年來，我發現華德福教育確實可以幫助解決上述家長、老師與國家的問題。

華德福教育的老師花很多時間與家長溝通，共同攜手合作，目的是協助孩子正常發展，讓他們走向自己的使命與任務。辦學的過程當中，我意外發現華德福教育也是解決少子化的一帖良藥。因為我在門診或對家長講座時，得知有些人完全不想要有下一代。請教他們箇中緣由，他們幾乎是異口同聲回答「養小孩太辛苦」，有的甚至說，現在的孩子不能打不能罵，那到底要怎麼教呢？在幼兒園裡，看到很多新生的家長都說「生一個孩子就不敢再有下一個」，因為帶孩子太困難了。可是許多進入華德福幼兒園的家長，在華德福教育的薰陶之下，竟接二連三的生小孩，還有人生到第四胎，這又是為什麼呢？他們說，用華德福教育帶孩子，每個孩子都變成天使，這麼的溫暖可愛。以前帶不動孩子，是因為不理解孩子的特質，也不知從何了解起，總是在網路上東查西找，人云亦云，所以面對不聽話的孩子，覺得他們簡直就是小惡魔，生一個就受夠了。

本書主要是談「在我們這個創傷的時代，孩子會遭遇那些學習困難」，並不是要推銷華德福教育，這一點還請讀者們明鑒。只因為我身為醫師，特別看到華德福教育對於人的整體有全面性的理解，而且其中

的醫學參與占了很大部分，確實可以解決許多人想破頭也解決不了的問題，因此藉本書分享我的所見所思。

最後，我想要提醒的是，無論家長或老師都不能忽略，孩子所有的問題行為或學習困難背後，都存在著健康問題，所以不要一味糾結或執著於改變孩子的行為，而是要更深入看到隱藏在背後的健康問題，這樣才能夠真正幫到孩子。

許姿妙

目錄

Chapter3 焦慮與創傷

Chapter9 救救老師們

Chapter10 我們還可以做些什麼呢？

Chapter 1

這是一個創傷與焦慮的時代

1-1 . 我在教學現場的所見所聞

最近幾年，許多家長和學校老師向我反映孩子的各種學習困難或問題行為，本書在此暫且不討論高年段孩子的拒學、憂鬱症、因思覺失調服用精神科藥物等問題。事實上，這些現象已經向下深入到低年段，甚至在幼兒園的孩子身上也很常見，只是表現程度不一，或隱微不易被察覺，而往往被大人忽略，未能意識到將來可能對孩子造成何等嚴重的心理和精神問題。

我舉幾個簡短的實例說明。

一名國小三年級女童，傍晚從浴室出來，對媽媽說：「我剛才洗澡洗到一半，不知為什麼，忽然覺得好想哭喔。我不知道自己怎麼了，就是好想哭。」她指著胸口強調，「我這裡感覺好奇怪。」小女孩當然不明白，自己其實已經掉入一種創傷情境，或是焦慮的情緒狀態。媽媽也不了解孩子突如其來的感受究竟有何意義，以為只是童言童語罷了。

一名新轉學過來的小學四年級男童，環境適應良好，平常也和同學開心地玩在一起，奇怪的是，只要沒有人陪他時，他就一個人面對教室牆壁，撲簌撲簌掉眼淚。因為他獨自掉淚的頻率實在太高，老師也留意到不尋常。

有的孩子被大人糾正錯誤時，就愛嘻皮笑臉，或是呆呆傻笑，甚至眼神渙散無法對焦；有的孩子則是感到無人關注時，就狠狠撞牆，或是把自己重重摔在地板上；有的孩子會不時放空失神，經常斷片，對旁人的叫喚充耳不聞，彷彿世界與自己無關，上一秒老師才招呼小朋友們喝水囉，下一秒他跑來問老師現在要做什麼，可是當大人對他態度嚴厲一些，他又會變得比較清醒。

有的孩子喜歡挑釁同學，不斷干擾同伴，非得逼到對方忍無可忍出手反擊，他卻又連忙向大人告狀說別人打他。這樣的孩子無事惹事，常常一天動輒向大人告狀很多次。

有的孩子在課堂上忍不住要和前後左右的同學講話，甚至起身走動，干擾課堂秩序。

有的孩子在學校常喊肚子痛，一天要到醫護室報到好幾回。

這些孩子們總是處在焦慮不安的狀態，學習上也容易遭遇困難。

師長該如何評測孩子在學校的表現呢？相較於用考試來評量孩子的學習能力，我們更著重觀察孩子進入學習過程的能力，以此評估孩子是否有能力學習。

2021 年夏天，我們針對小學一年級新生的英文課堂觀察了一整個學期，發覺二十七名學生當中，每一堂英文課約有半數孩子在恍神狀態，約有三分之一的孩子在製造混亂，其他孩子則是趁亂跟著起鬨，只

有一個孩子在整個學期的課堂上都保持專注學習狀態。這讓我們看到孩子進入課程的困難,學習能力自然十分薄弱。

以上的脫序行為,乍看都是小問題,家長只覺得孩子很「盧」很「番」,難以約束,我們告訴家長說,這些現象會阻礙孩子學習,家長都瞪大眼睛不敢置信:怎麼會!有這麼嚴重嗎?

我觀察發現,相較於孩子的身心健康,多數家長更在意孩子的學習成效,這是因為父母並不了解孩子小時候隱約透露出的內心創傷現象,將可能引發多麼嚴重的心理精神疾病,才會如此輕忽孩子的行為表現。

1-2 . 為什麼這是個創傷與焦慮的時代？

二十世紀初，華德福教育創始人施泰納博士就已經揭示，人類身體的內部組織將發生「進化性的改變」。他描述這種發展變化，會使得肉體和生命體之間原本的緊密連繫變得越來越鬆散，我們自身將體驗到新的心魂能力和意識形式，而且人類也會變得更為敏感。他在一九八二年說：「我們正處於生命體逐漸與肉體分離的時代，這是人類進化的一部分……而我們正處於這一過程的中間時刻，知道這一點，才能夠理解我們所經歷的一些疾病的細微徵狀。」肉體與生命體之間的緊密連結一旦鬆脫，不但會帶來意識範圍擴大與敏感度提高，也會導致對疾病的易感性增強，也就是比較容易感染疾病，這就是為什麼近兩年的 COVID-19 疫情肆虐全球，釀成史無前例重大災情的原因之一。

也因為人類的體質在變化，身體更嬌弱、臉皮更薄、心理更脆弱敏感，所以更容易受創傷。如今的父母師長只要一個嚴厲的眼神，就可能傷害到孩子脆弱的心魂，尚且不必動用肢體暴力，更遑論天災地變的重大驚嚇衝擊。

現在的孩子意識範圍擴大，整體來說比我們小時候聰明許多，對周遭事物比我們更早清醒認知，他們的神經敏感度也比我們當年提升許多，但相形之下，這時代的孩子就顯得弱不禁風，而且容易罹患過敏性

疾病,例如過敏性鼻炎、氣喘、異位性皮膚炎等。

其實不只是孩子如此,大人也不遑多讓,往往一句不中聽的話,就讓玻璃心碎滿地。這種「他人無心,本人卻過度解讀」的紛爭,在校園裡層出不窮。例如,孩子向老師告狀說,「某某人瞪我!」其實人家只不過看了他一眼,他就感覺受到威脅。還有小學低年段的孩子向老師告狀說某某人打他,經查之下,對方只是不小心輕輕碰了他一下。連一個不經意的眼神,或輕微的肢體碰觸,都讓孩子感到受傷害,這就是施泰納博士提醒我們的,二十世紀末、二十一世紀初將會出現「焦慮流行病」。他也預示了二十一世紀初,面對孩子焦慮恐懼的情緒反應,醫療界將傾向採取固化和麻痺的處理方式來應對。例如,對過動的孩子使用利他能藥物,讓孩子不要亂動,而對於大人的焦慮,目前的醫療也同樣採用藥物使其麻痺無感。

根據統計,八歲以上的孩子,有五分之一表現出不同形式的焦慮行為,這些孩子上了大學以後,有更高比例受到焦慮情緒折磨。他們描述自己感到內心空虛、空洞、猶如「真空狀態」。空虛、空洞是內心缺乏滿足感的狀態,而真空則是沒有空氣可以呼吸的窒息狀態。當一個人被逼到無法呼吸的時候,尋短自傷就成為他們理所當然的選擇。

某天,一位在大學教書的日本籍患者打電話給我,說他受到很大驚嚇,難過得不知如何是好,必須找我談談。原來,就在短短兩三個月內,他任教的大學校內就有四名學生跳樓尋短。這四名學生的平時表現似乎

毫無異狀，不知為何就忽然走上絕路。其實，大學生尋短的悲劇不時在各校上演，並不僅只於見諸媒體報導的名校而已。

一個人內心的滿足感，來自幼年時期日常生活中對生命的感知，也就是我在《病是教養出來的・第三集・12 感官之初階感官》所談到的、初階感官裡的「生命覺」。孩子如果從幼年期就出現生命覺發展失調，未來必然會發生焦慮、憂鬱等心理精神疾病。

1-3 . 現代環境造成孩子的發展困難

現在的孩子打從一出生，體質普遍就比我們當年來得孱弱，加上身處的生活環境與四、五十年前有天壤之別，都進一步影響孩子的發展與學習過程，甚至造成許多過去所沒有的問題。本書無法一一細數不同時代的環境差異，但是可以歸納出一個重點，就是如今孩子的生活環境，都在刺激身體上端的頭部，導致頭部的過度使用，相對之下，身體下端的新陳代謝系統與四肢能力就鍛鍊太少。

對身體上端的過度刺激，包括從小看電視、玩平板或電腦等 3C 產品（關於聲光影像刺激對頭部神經的損害，可以參考《病是教養出來的・第二集・愛與礙》），幼兒園已經開始教讀寫算，才國小的學童就必須承受沉重的課業壓力，學校放學後，還要跑補習班、學才藝等等，導致就寢時間晚，長期睡眠不足，都讓先天不足的一代身體更加虛弱。

回想我們小時候，沒有人跑補習，放學後在戶外開心玩耍，天黑了回家吃飯，才不過七、八點就早早上床睡覺，也難怪以前的孩子體質比較強壯，意志也較為堅定。

現在的孩子已經很少自己走路上學，大部分仰賴家長接送，或是搭公車捷運，使用四肢的機會大為減少。而家長重視課業成績，下課

後要求孩子繼續用功，不讓孩子幫忙做家事。雙薪家庭更是依賴外食，家裡不開伙，孩子缺乏家事訓練，動用雙手的機會就更少了。這樣的孩子即使升上小學一年級，雙手依舊軟弱無力，連吹笛子按笛孔都按不密，吹出來的笛音會「漏風」。

由於四肢活動量少，連帶消化系統虛弱，運作效率差，雪上加霜的是從小吃太好、吃太多。大人求好心切，打從孩子襁褓時期接觸副食品開始，就餵給肉湯等動物性蛋白質，想要提供孩子豐富的營養。可是幼兒的消化道尚未發育完全，最快也要三歲以後才適合接觸動物性蛋白質。倘若過早食用這些無法消化代謝的蛋白質，將加重消化系統負擔，也拖累原本就不發達的四肢，並導致孩子經常感到疲累無力。

未能代謝的蛋白質還會阻塞器官造成淤滯，帶來二種結果：一是來自上端的意識無法順利進入身體與四肢，主導身體活動；二是下端新陳代謝系統混亂的驅力，引發孩子難以克制的衝動行為，例如，看到其他孩子的玩具，還沒來得及徵求對方同意，就出手搶過來，或是別人一讓他感到不舒服，他就克制不住身體的衝動，動手推打或出腳踢踹，甚至張口咬人。

孩子縱使天資聰穎、反應機靈，倘若身體四肢無法跟進，如願完成自己的所思所想，那麼他在學習過程中將會挫折連連，甚至因此拒絕學習。

大腦神經醫學家發現，人類若是缺乏接觸大自然，會傷害大腦健

康。而如今生活在人工環境，遠離大自然，卻是非常普遍的現象，專家將此現象命名為「大自然不足症」。根據 Karjalainen 博士的研究，人在經歷壓力或需要高度專注的作業之後，讓自己置身大自然環境的恢復能力，遠優於在都市環境裡。

人在大自然的懷抱中，血壓、心跳速率、肌肉緊張度與壓力荷爾蒙水平都比身處城市環境時下降更快，兒童的變化尤其明顯。過動的孩子在天然的綠色環境下玩耍時，過動症狀會減輕。綠色的大自然環境能夠降低人體壓力、改善情緒、減少憤怒和攻擊、提升整體的幸福感，進而強化免疫系統功能。遺憾的是，現在的孩子小小年紀就被迫坐在教室裡，對著書本埋頭苦讀、學習功課，少有機會長時間徜徉在大自然環境裡，自由伸展與活動。

如今的孩子難得接觸大自然，特別是生活在大都市裡的孩子，一天二十四小時置身水泥叢林。教育系統加諸孩子難以承受的學習壓力，各門課業叫人應接不暇，導致孩子精疲力竭，輟學、拒學的現象日益惡化，而大自然正是陪伴孩子克服身心困境的關鍵解藥。

1-4 . 何以能力不足的孩子越來越多

　　這些年來，我在教育現場觀察到孩子能力不足的狀況越來越顯著了；而大多數智能發展失調的孩子，都曾經在童年早期有過創傷經驗，例如，出生過程中出現危及生命的併發症，或是小時候住院時間太長，還是曾經在醫院接受侵入性的醫療處置，有的則是父母親無法接受孩子的缺點，甚至是有意無意忽視孩子的生理或心理、不恰當的對待，都可能造成童年創傷。

　　智能發展不足或學習障礙的孩子，在身體和情緒上的抗壓能力比較差，當中的 30 ～ 50% 患有繼發性的精神心理失調，他們通常很難以理解周圍正在發生哪些事，因為無法充分反思自己的壓力經驗或困難，也難以充分表達和消化自己的困難和痛苦，這又使得他們更容易身陷危機與壓力。

　　我們必須了解校園裡的這些情況特殊學生，被外界誤解的他們其實是生活在高度的焦慮狀態下，而且他們內在的焦慮不易為肉眼所察覺。他們為何如此頻繁的感受到威脅，而且經常表現出偏執、固著、容易受驚嚇？高度焦慮會抑制一個人的學習，卻被醫療診斷為非典型自閉症、非典型過動症等。不僅如此，有越來越多特殊狀況學生並不符合現有的障礙類別分型，並且有越來越多學生在主流醫學的治療下得不到成效。

例如，表現出過動症的孩子，使用各種過動症藥物治療仍不見效，病情甚至越發嚴重。當我們仔細觀察這些孩子，會發現他們的表現實際上並非過度活躍，而是過度緊張，他們注意力不能集中的根源，並不是過動症的神經學症狀，而是一種焦慮的狀態。我們必須釐清這一謎團中所缺失的部分，究明真相才能夠制定並實施真正有助於學生學習成效的辦法。

Chapter 2

孩子的入世
（生長發育）過程

2-1. 身體的四個組成（物質身、生命身、感知身、自我組織）

孩子的生長發展過程，就是入世過程。孩子的成長不只是肉身的發育成熟，還包括肉眼不可見的「靈體進入肉身」的過程。

什麼是靈體呢？我們常說「人是萬物之靈」，說的就是人類擁有高層次的靈體，因此與礦物、植物、動物有所不同。人可以思考複雜的問題，這是動物所沒有的心靈能力。生而為人，我們必須在成長過程中充分發展人類特有的心靈能力，方能夠成為「真正的人」，否則有可能淪落為「披著人皮的動物」，就如同世人怒斥缺乏道德良知的人是「畜生」那樣。為了解決當代孩子的各種學習困難，我們不能再固執堅持人類只有肉身，而必須擴大理解人體的其他層次與組成。

施泰納博士闡述，人類除了肉眼看得見的物質身之外，還有其他三種組成，分別是生命身、感知身、自我組織。

「生命身」類似於中醫學所說的「氣」，人倘若失去生命力，那就只剩一具屍身，所以我們以「斷氣」說明人的死去。

「感知身」是情緒、慾望、意識等看不見卻確實存在的力量。

「自我組織」則是與高等的自我覺察和反省能力等有關。

自然界中的礦物只具備物質身，植物除了物質身，還多了生命力，動物在物質身與生命力之外，又加上感知能力，人類則因為擁有複雜的思考力、自我反省與覺察力等靈性能力，而成為「萬物之靈」。

人類在塵世間所做的一切學習和付出，在肉身死後並未消失，而是成為靈性的種子，回歸到遙遠的宇宙，等到再次入世為人時，上一生的努力就會成為此生的天賦。不過，這些天賦唯有在人類的上端組成，也就是「感知身」和「自我組織」能夠完整地貫穿下端組成之「生命身」和「物質肉身」時，才得以正常運作與呈現。所以孩子的生長發展過程，其實是由上端組成負責指導，因此大人在養育和教養孩子時，只需為孩子的上端組成鋪路，讓自我組織與感知身透過這一路徑，融入有生命的物質肉身之中，以便朝向「意識」與「意志」二方面開展。

施泰納博士在治療教育的相關演講中說道，弱智的孩子是上端的靈性層次無法進入下端的物質生命身，因而阻止了孩子透過其感官*與周圍世界建立完整連結，導致孩子的身體呈現沉重笨拙的狀態，而且其感官與周遭世界的連繫十分遲鈍。我們常看到某些孩子人際關係發展困難；有的孩子成天活在混亂的行動中，不知自己在幹嘛，也不明白周圍正在發生何事；有的孩子則是空有想法，身體卻不聽使喚，成天把「我做不到」、「我不想做」掛在嘴上，這些都是上端層次無法進入下端有生命的物質身行使正常運作的結果。

---

* 感官是指「十二感官」，請參考《病是教養出來的‧第三集》。

2-2 . 為入世過程鋪路需要的條件 ·
魔法①——溫暖

　　溫暖、節奏、呼吸，是為孩子入世過程鋪路的三大要件。三者看似簡單，卻是威力驚人的魔法。

　　第一道魔法是溫暖。溫暖表現在物質肉身的體溫，當物質肉身的溫度保持在 37℃ 左右時，上端的自我組織和感知能力才得以順利進入肉身，發揮正常運作。因此，為孩子常保溫暖，是父母非常重要的任務。現在的父母都害怕孩子發燒，殊不知如今的孩子除了發燒以外，平時體溫普遍偏低。孩子的正常體溫應該在 37℃ 左右，我們每天為幼兒園的孩子量體溫，結果發現有一半的園兒平時體溫都在 36.5℃ 以下。

衣著單薄導致體溫下降

　　幼兒的體溫調節功能還未發展健全，尤其是九歲前的兒童，常會處在冷了不知要添衣，熱了也不知要減衣的狀態，特別需要父母師長費心提醒。當我們摸到孩子四肢發冷的時候，就表示體內的溫暖不足了，務必提醒孩子穿衣保暖。

　　而除了穿衣保暖之外，現代的許多生活型態常會在我們不自覺間剝奪體溫，以下和讀者們共同一一檢視。

不當飲食導致體溫下降

● 過早食用動物性蛋白質

許多大人想要讓孩子早日獲得足夠的成長營養，因此急於餵食寶寶肉類等動物性蛋白質。然而，三歲前的幼兒是無法消化動物性蛋白質的，太早吃魚吃肉反而弱化他們的腸胃功能。人體的體溫仰賴肝膽腸胃消化吸收食物產生的熱量供應，當消化系統功能欠佳，就會產熱不足，導致體溫下降。讓孩子太早攝取動物性蛋白質產生的反效果，是很多求好心切的大人意料不到的。

● 飲食性質偏寒涼

大家可以想像，把 0～5℃左右的冰飲、冰水果灌進 37℃的溫暖肚子裡，會造成身體多麼大的衝擊。經常這樣吃，剝奪孩子身體的溫暖，就會看到他們的體溫逐漸下降。

不當醫療導致體溫下降

經常服用退燒藥或化學藥物，都會剝奪體內的溫暖，導致體溫下降。尤其是一發燒就動輒使用退燒藥，對孩子的成長造成莫大傷害。許多大人不能理解，孩子幼年時期聰明健康，為什麼越長大卻越笨拙，學習越來越困難。這當中的原因很多，而常見的原因之一，就是錯誤的醫療介入。

　　S 女童在體制內小學就讀到五年級，因為課業跟不上而尋求我們協助。她的理解力仍停留在圖像式階段，對她講故事必須帶有生動表情，否則她會聽不懂。可以想見，需要邏輯思考和抽象思考才能夠理解的課文或算數，對她而言都艱深難懂。根據我們觀察，平日生活對談其實難不倒 S 女童，可見她並沒有先天性的遲緩或異常，S 媽媽也說這孩子認字的時間甚至比姐姐還早，可是現在能寫出來的字卻很有限。

　　我和 S 媽媽進一步詳談以後，才知道這孩子七歲前經常熱痙攣，所以每次發燒，媽媽就很緊張，把握第一時間給予退燒藥降溫。幼兒園時期，園方天天為小朋友量體溫，體溫如果偏高，家長甚至會「預防性投藥」，先給小孩服用退燒藥。而他們所謂的「體溫偏高」，竟然是指 36.1℃。

　　S 女童早在小學低年段，每次遇到期中、期末考就會發作痙攣，但這時的痙攣其實已經和熱痙攣不同了。這孩子是在不需要服用退燒藥的時候反覆用藥，導致體溫下降，逐漸造成學習困難。但是一般的教育界和醫療界，仍未能將體溫過低與學習困難的因果關係連結在一起，甚至認為這種說法是天方夜譚。

過早的智性學習導致體溫下降

　　孩子在敞開四肢自由奔跑的時候，身體也會產熱，所以年幼的孩子更需要活動肢體，用四肢遊戲玩耍，從事各種工作。然而，現在的孩子

從幼兒園階段就花很多時間坐在教室中學習讀寫算，神經系統專注工作時，血液循環會弱化而導致體溫降低。而且經常用頭腦學習，肢體活動相對減少，也難怪體溫無法提升，體質變得虛弱。

現代生活型態導致體溫下降

夏天睡覺開冷氣，已經是一般家庭的生活日常。有位阿嬤帶小孫子一同來看診，說他們嬤孫二人晚上都睡不好，原因是孫子總會抱怨好熱不能睡，她只好幫寶貝金孫搖扇子納涼。我問，家中沒開冷氣嗎？阿嬤說，冷氣都開到 16℃ 了，孫子還是直喊熱，而且滿身出汗。家中幾個大人都想不懂孩子為何如此怕熱，所以帶他看醫生，想找出原因。

大人有所不知，很多孩子的身體缺乏足夠溫暖，卻又對外界溫度十分敏感。睡眠環境的溫度太低時，人是無法安穩好眠的，所以每到半夜，身體為了抵禦入夜後的低溫，就會自動將體內儲存的溫度向外擴散到體表，即是所謂的「中心溫度周圍化」。這家人把冷氣溫度調得太低，入夜後，小孫子的中心溫度周圍化時，就必須送出更多的熱到體表，導致他感到體表發熱難受。我建議阿嬤把房間冷氣設定在 27℃，兩星期後回診時，阿嬤開心地說小孫子不再半夜喊熱，嬤孫終於可以好好睡覺了。藉此病例，我也要提醒家長，常吹冷氣或是置身低溫環境，都會造成中心體溫下降。

欠缺情感的溫暖導致體溫下降

請回想我們自己心情緊張時的肢體反應，是否身體僵硬、四肢冰冷？這時量測體溫，無疑是偏低的。同理，大人應該讓孩子的心理充分感受到溫暖的照顧陪伴，倘若對待孩子的態度過於嚴厲，或是規矩框架制約太多，孩子會時時處於精神緊繃、全身發冷的狀態。還有的父母對待孩子態度冷漠，特別是不懂得表達情感的父親，不會主動擁抱幼兒，孩子過來要「把拔抱抱」時，甚至揮手驅趕，要孩子別吵自己。父母的這些言行舉止都會讓孩子心底涼颼颼，體溫也跟著下降。

欠缺靈性的溫暖導致體溫下降

每個孩子的自我個體性都是不一樣的，身為他們的父母師長，應該要認知每個孩子都有其獨特的人生道路，大人必須協助他們上端的自我組織完整進入下端的物質生命身，讓孩子記起此生入世的目的（生命任務），而不至於迷失在塵世間，摸索不著出路。

絕大多數父母都很疼愛孩子，他們未必會厲聲責罵或出手打孩子，但是他們不了解，自己有時候過度擔憂孩子的功課或健康等問題，臉上不自覺寫滿愁苦的表情，也會造成孩子莫大的壓力。父母的臉色就是孩子童年的顏色，孩子無法理解大人為何臉色難看，直覺認為必定是自己讓父母不開心，因此誤會父母不愛自己。孩子這樣一廂情願的想當然爾，也是大人無法理解的，但無論如何，大人面對孩子的時候，要盡量

和顏悅色，將工作帶來的煩亂情緒留在家門之外，就好像我們不會把在家的壞情緒帶到職場一樣。雖然控制情緒並不容易，但只要大人願意努力，總是會越來越進步。

2-3 . 為入世過程鋪路需要的條件 · 魔法②——節奏

　　任何一種生命功能都是以節奏和週期循環往復的方式在運作，所以說，節奏是身心靈發展的根本。上端的自我組織和感知身永遠必須透過節奏才能夠過渡到下端的物質生命身，進而展現能力與天賦。

　　人體內部的器官系統各有不同的節奏，但這些器官節奏並非與生俱來，而是在童年早期被建立起來的。也就是說，周圍大人在生活環境裡建立的節奏，塑造了孩子內在的器官節奏與生命節奏。

身體內部的器官系統節奏

　　人體內充滿各種節奏，在此說明其中功能範圍較大的三種主要系統：上端頭部的神經系統、下端的新陳代謝四肢系統、介於上下端之間的心肺節律系統。

● 上端頭部的神經系統

　　神經系統的快速節奏是瞬間發生的，目前已知神經細胞傳遞訊息的速度可以達到每秒一千個興奮頻率，刺激越強，興奮頻率就越高，所以神經系統的興奮節奏是以秒計算。

● 下端的新陳代謝系統

與神經系統的快節奏相反的，是下端的新陳代謝系統。腸道蠕動的節奏為每分鐘十二下，胃的蠕動則是每分鐘三下，腸胃就是以四比一的節奏比例來推動食物，這與心跳及肺葉呼吸開闔的節奏比例是一致的。所以說，新陳代謝系統是以分鐘為單位的穩定節奏，持續一貫的運作。

● 介於上下端之間的心肺節律系統

介於上下端之間的心肺節律系統，其節奏正如同其所在位置，介於秒和分鐘之間；例如，皮膚裡的血液循環每分鐘改變一次。心跳和呼吸的節奏比例雖然是四比一，可是白天受到工作或是壓力影響，造成二者的節奏比例出現變化，唯有在夜間進入熟睡後幾小時，心跳和呼吸的節奏比例才會呈現穩定的四比一，而這種有規律的心肺節奏是恢復生命活力的先決條件。假如一個人夜間入睡後，總是每二小時醒來一次，那麼他就無法享有規律的心肺節奏，他的睡眠也就比較難帶來修復生命活力的作用。

大自然的節奏對人體內在節奏的影響

前面提到，人體內在的器官節奏是外界環境與大自然節奏共同塑造而成；也就是說，人體會將外在的環境節奏牢牢固定於體內。環境裡常見的自然節奏與人體的關係，大致如下。

日夜節奏：日夜節奏也可以說是光與暗的節奏，以二十四小時為週期。醫療上常看到糖尿病患每天要測量血糖，即可知血糖的變化與每日的節奏有關。

每週節奏：人體的傷口大約一星期左右癒合，人對生活變動與壓力的適應期，也大約是七天左右。

每月節奏：女性的月經週期、荷爾蒙變化、尿酸濃度變化，都是以三十天為週期在變動。

每年節奏：年的節奏是以季節變化加以提醒的，例如，季節性疾病、肝病患者每三個月要檢查一次肝功能、骨折必須經年方可痊癒。

人體內建著大自然的節奏，人體內在的節奏與外在環境的節奏具有同步性與一致性。我們該如何理解這樣的同步性呢？這就好比馬戲團裡的空中飛人，能夠從一個高空鞦韆凌空翻身盪到另一個鞦韆，憑藉的就是身體內生性的節奏與周圍環境的外因性節奏達到同步；正是移動順序的同步性，決定了一瞬間的動作成敗。

人體各種內生性的節奏倘若失去和諧，就會導致神經運動失調，或是肌肉張力失調，這是現今在幼兒園或小學低年段孩子身上最常見的現象。他們的肌肉摸起來軟趴趴，缺乏肌張力，走路經常跌倒，爬樹爬不上去，吊單槓堅持不了幾秒鐘。

年紀越小的孩子越依賴大人有規律的生活照顧，來促進身體建立健

全的生物節奏。大人給孩子有節奏的生活照顧，孩子未來的人生將會以健康的身心、良好的適應力與抗壓性做為回饋。孩子的生活環境若是節奏混亂失序，或是過於急促，都會削弱他們的生命力，讓他們經常感到疲累，缺乏安全感與抗壓性，也會導致意志力薄弱。

2-4. 為入世過程鋪路需要的條件 · 魔法③——呼吸

生命就是呼吸，沒有呼吸何來生命。孩子哇哇墜地就會自己呼吸了，我們還需要強調呼吸嗎？的確，呼吸是生命的本能，但是就在孩子的成長過程中，大人卻經常不讓他們好好的呼吸。

一名從華德福幼兒園畢業的小學童，進入體制內國小就讀一年級。這孩子的神經系統反應極快，屬於神經系統主導的體質，因此對老師的上課內容理解迅速，學習上毫無困難。但是孩子的媽媽說，這孩子自從上小學以後，每天中午放學回家就大口喘氣，而且是上氣不接下氣的喘著，必須好好睡個午覺，這種喘不過氣的現象才會消失。如果沒讓他睡午覺，孩子就會一直喘到晚上。這究竟是怎麼回事呢？

我向家長解釋，這是因為學校的上課內容讓孩子神經緊繃，神經系統感受到的壓力，往下傳達到心肺節律系統，影響孩子的呼吸心跳。這個真實案例充分說明了周圍的環境因素如何干擾孩子呼吸。

當我們專注思考困難的問題時，往往會不自覺的屏住呼吸（憋氣）；同樣的，讓幼童思考超乎他的年齡所能理解的知識或抽象問題時，他也會「屏氣凝神」，導致吸入氧氣不足，血液中的碳酸氫鈉隨之降低，造

成骨骼生長所需的碳酸鈣不足，影響孩子的生長發育。

　　孩子因為身體的溫暖不足、生活失去節奏，又不能好好呼吸，所以我們就眼睜睜看著每年入學的新生，體格一年比一年瘦小，心智能力也偏弱。施泰納博士對華德福的老師說，學習就要像呼吸一樣自然，小學三年級之前的孩子，最重要的是學習如何好好的呼吸，而不是學知識。但是現在的教育卻正好背道而馳，想方設法餵養孩子更多知識，忽略孩子正常呼吸的重要性。

　　此外，生活中常見影響孩子呼吸的因素，就是大人對孩子言語粗暴，動輒高聲責罵，以及生活節奏過於緊張，大人自己太忙，於是不斷催促孩子動作快點快點，把孩子搞得精神焦慮、神經緊繃，呼吸跟著急促起來。

2-5 .「自我」入世有三個階段性的危機

　　一個健康的人其上端的自我組織會將生活中接觸人事物的經驗，整合成為自己的「生命歷史」。如果這樣的上端自我組織能夠順利進入下端的物質生命身，我們就可以調節或控制自己的情緒、衝動及思考，完成「自我」入世過程。

　　孩子在不同的成長階段裡，會面對不同的「自我」入世危機，這些危機尤其會出現在以下三個階段。

二～三歲的入世危機

　　孩子出生以後，小生命的意識狀態是與父母及周遭世界合為一體的，他們總是完全順從大人，任由擺布，與大人合而為一。直到二至三歲期間，孩子高層次的上端「自我」首次出現，開始有了自我覺知，懂得做出反抗權威的挑戰行為。他們最常說的就是「不要」、「我不要」、「什麼都不要」，或不時高聲尖叫。這是幼兒正在經歷與父母從合一狀態邁向分離所產生的焦慮反應，大人千萬不要誤以為孩子是真心在尋求獨立。這時候反而要將孩子抱得更緊，讓他們透過遊戲和模仿周圍的成人，找回過去和諧的親子關係。

九～十歲的入世危機

這是孩子的自我第二度強力進入物質生命身的重要時期，此時，孩子內在與父母的分離更顯著，也因此帶給他們更大的焦慮反應。他們從幼年的夢幻中醒過來，開始明白童話故事裡的情節並不是真的，他們無窮的想像力逐漸乾涸，世界對他們而言不再是充滿神奇的地方，每件事都變得平凡、蒼白且乏味。這時候，學習對他們並不是最重要的，他們更在乎的是自己有沒有被同儕接納。有的孩子分明在學校和同學玩得很開心，回家卻向父母說都沒有人和他玩，甚至懷疑自己不是父母親生，以為是在醫院被人掉包過，這些想法都會造成孩子的恐懼。

這年紀的孩子期待被接納，渴望融入同儕，因為害怕被拒絕，所以總是想要和別人做一樣的事情。他們渴望與朋友擁有共同的經驗，例如，看到別人有手機，他們也會吵著要。內在強烈的孤獨感，驅使他們成群結黨，又因為很害怕遭到排擠，所以不斷調整自己成為可以被同儕接受的模樣，比方說，擔心自己太胖會遭到孤立，分明已經很瘦還拼命減肥。

九歲前的孩子都跟隨父母，模仿父母的一切，但是九歲以後，孩子會發現自己原來和父母並不一樣。他們會提出很多問題，好奇父母是否真的博學多聞？大人又是如何知道這麼多自己不懂的事？他們還會發現大人原來也會犯錯，並不是那麼值得信賴。

父母對於這階段孩子孤單的內心狀態，需要給予理解和包容，但是

也要設立堅定的界限，才能夠帶給孩子安全感。這話怎麼說呢？孩子來到這個世界，並不知道應該在什麼時候做些什麼，必須透過大人所設定的環境與生活節奏，學習如何把日子過好。例如，新生兒肚子餓了就哇哇大哭，這是他按照自己的內在節奏所做的最直接反應，大人如果不餵他，他哭累了就會停止哭泣，進食時間也會逐漸改變；嬰兒累了就要睡，大人如果還要他繼續醒著，他會精神亢奮，逐漸變得難以入睡。所以大人要給予孩子明確的界限，教他們學會應該在何時做何事，否則孩子會變得想吃就吃，想玩就玩，生活非常隨興沒有章法，逐漸陷入作息混亂狀態。

人倘若生活在混亂中，自然而然會失去安全感，嬰幼兒尤其如此。能預先知道生活的步驟，預料到一之後就是二，二之後會是三，這對幼兒來說是很重要的安全感來源。例如，早上起床要吃早餐，然後上幼兒園，在固定的時間起床，走固定的路線，在固定的時間到校，然後在固定的時間放學回家……每天「如常」的過日子，不需要有意外驚喜或變動來擾亂孩子的安全感，藉由這種簡單的生活型態為孩子建立界限。孩子慢慢長大後，會開始出現自己的欲望，比方說發燒了還嘴饞想吃冰，或是已經在拉肚子了還要吃肉，大人如果沒有為孩子建立界限，任由他們的慾望做主，以後就會失去健康而常常生病。

孩子身體或心理不舒服的時候，大人當然要給予理解和包容，但是都不該超越應有的界限，否則就是在傷害小孩。然而很多父母捨不得孩子難受，所以把縱容誤當成包容，只要沒有滿足孩子，自己心裡就會過

意不去。真正的理解和包容應該建立在清楚的認知，那就是：我們要給孩子真正需要的，而不是他想要的。

話題回到父母該如何陪伴九～十歲的孩子度過入世危機，除了在設定堅定界限的前提下，給予理解和包容，帶給孩子安全感，同時也要讓孩子明白，所有的人在九歲階段，都會經歷這樣的孤單感受，這不是任何人的錯。

大人陪伴孩子與這些不舒服的感受共處，孩子將來面對更複雜的世界與挑戰時，才會有足夠的挫折容忍力，協助他們度過青少年期更狂亂的身心狀態。也就是說，透過大人的正確陪伴，在孩子的自我第二次強烈進入身體時，幫助他們發展出自我信任感與強烈的自我印象。強烈的自我印象會讓他們體認到自己與別人有多麼的不一樣，而且自己也沒必要與別人一樣。

青春期的入世危機

發生在十六、七歲青春期的入世危機，是孩子在精神上與父母分離（九歲時，是心理上與父母分離）。他們想要和上一代的思想做出切割，儘管內在採取對抗大人的姿態，但不是每個孩子都會做出強烈表達，相同的是他們都期待獲得大人的認同。大人如果總是對孩子下指導棋，告訴孩子應該這樣那樣做，硬是把自己的人生經驗和社會文化原封不動移植到孩子身上，會激起這個年紀青少年的叛逆反抗。因為這年紀的孩子

已經在無意識中感知到自己與生俱來的生命任務，直覺感受到自己的使命。他會透過自我探索，朝向實現自我理想的道路前進，而且為了掌握自己的人生，不惜在現實世界衝撞。倘若大人堅持自己舊有的思維，就會與孩子的想法互不相容，孩子將以各種抗爭手段和叛逆行動抗議大人。採取消極抗議手段的孩子可能用藥物麻醉自己，或是沉迷網路。

我常見到孩子朝著自我實現與探索多元學習的方向發展，父母卻只是一味焦慮孩子能否考上台清交成等名校，這就是大人將自己的舊有思維套用在孩子身上，導致親子衝突對抗。我們這一輩或許認為進入名校的人生才有出路，但是現在的多元學習已經不遵循這樣的老路。大人應該給予孩子支持，幫助孩子找到自己的個體性，而不是親子衝撞對抗的緊張關係。大人必須理解，如果你真心愛你的孩子，就應該放下自己先入為主的觀念，才能夠真正理解孩子的想法。

我透過對家長工作的經驗，觀察到家長很難接受孩子反抗、不順從、有自己的主見，他們認為孩子變得不乖了，因此採取更嚴厲的管制手段或管教。殊不知這麼做，會導致孩子在經歷這三個自我入世階段時，遭遇更大的困難。身為父母，我們必須理解孩子在成長發展過程中本來就會經歷這些危機和痛苦，我們應該在正確的時刻，用適切的方法，陪伴孩子健康長大。

Chapter 3

焦慮與創傷

　　「焦慮」是一種常見的情緒，每個人在不同的人生階段都可能經歷焦慮不安的處境。當我們遭遇困難，內心感到焦慮，身心就會出現某些症狀表現，例如心跳加速、呼吸急促、口乾舌燥，或是臉色蒼白、頻頻冒汗、內心七上八下。

　　「焦慮」和「恐懼」常被聯想在一起，但其實二者還是有區別的。「恐懼」是指當下面臨真實且立即的危險，內心感到害怕。可是「焦慮」就不一樣了，焦慮者並未在當下面臨實際的危險，可是內心卻擔憂著未來可能會發生危機。之所以憂慮著可能會有但未必一定會發生的危機，這與個人過去不舒服或痛苦的經驗有關。

　　現代醫學把焦慮依各種症狀表現分類及命名，比方說，分離焦慮、恐慌症、社交恐懼症、廣場恐懼症、強迫症等等。這些不同名稱的焦慮其實有著很多重疊的症狀表現，因此光憑名稱很難理解疾病真正的內情。可以確定的是，「焦慮」一詞不過是為一系列複雜的症狀提供名稱而已。有效協助孩子解決焦慮的真正重點，在於釐清焦慮發生的背後原因，而不只是聚焦在症狀結果。

　　根據焦慮發生的原因，基本上可以區分為二大類，即「一般性的焦慮」和「創傷後壓力引發的焦慮」。

3-1 . 一般性的焦慮

施泰納博士曾揭示，二十世紀末將出現焦慮性的流行病。他說：「孩子的緊張焦慮，是周遭的思維混亂造成的。上一代的大人思維混亂，就表現為這一代的緊張焦慮。」

這裡所說的「大人思維混亂」，究竟是指什麼呢？首先，是大人給孩子的指令無效，或指令反覆，令孩子無所適從。比方說，來找我看病的孩子常會在候診時暴衝，做出不恰當行為，可是家長給予孩子的指令往往是無效的，因此難以制止孩子失控的舉動。一名小男孩爬上配藥櫃台，媽媽給他的指令，不過是輕聲的一句「下來喔」，小男孩不當回事，加碼用手指去撥弄櫃檯上的藥粉，媽媽仍然只是重複再說一次「下來喔」，並未做出進一步處置，或是上前將孩子抱下來，這就是大人「無效的指令」。

有位媽媽到學校接兒子放學，正好看到兒子在操場上奔跑，玩得不亦樂乎。媽媽心想，兒子出了一身汗，等一下應該會口渴，所以提醒孩子拿水壺去飲水機裝水。小男孩沒聽話，自顧自鑽進車裡，一上車就喊「我要喝水」。媽媽告訴他，十五分鐘就到家了，等回家再喝水。孩子不肯乖乖配合，一路高聲狂吼「我要喝水我要喝水」，鬧到車頂都快掀飛了。這位媽媽面對兒子日常中老是出現「立刻就要，其餘免談」的固

著行為，完全束手無策，全然不知這是自己「無效的指令」養成的。知子莫若母，早知道這孩子一口渴就立刻要喝水，媽媽應該徹底執行「要孩子在水壺中裝水」的指令。大人下了指令卻未確實執行，這就是思維混亂的表現之一。

其次，是大人的指令讓孩子感到困惑。大人有時對孩子開一些大人才理解的玩笑，孩子聽不懂，卻看到周圍的大人都笑起來，這會令他們感到焦慮，好像只有自己在狀況外，不明白究竟發生什麼事。又比方說，大人在路上碰到老友，熱絡的攀談起來，還互相稱讚對方，回到家卻態度丕變，改口批評剛才的老友。孩子看在眼裡，會感到十分錯亂。

再舉個例子。家長對老師處理教學問題的方式不滿，於是在孩子面前批評老師。家長如果對老師有意見，應該找老師本人溝通，而不是批評給孩子聽，這會讓孩子感到無所適從。特別是幼兒園與小學階段的孩子，他們把老師當成不可挑戰的權威與可敬的師父，這一份尊師的至誠，會帶領他們向老師認真學習。家長背地裡對老師的惡言，讓孩子認為老師不值得尊敬，影響他們在學校的學習熱情。

又比方說，父母二人的管教不同調，媽媽不准飯前吃糖果，爸爸卻說沒關係，這也會造成孩子的混淆，不知該聽誰的，究竟何時能吃，何時不能吃。

此外，大人的碎念與過多的提醒，同樣會讓孩子感到焦慮。

而最容易被忽略的壓力其實是來自大人的偏見，它也是引發孩子焦

慮的原因之一。孩子無意間聽聞大人的偏見，會銘刻在他們的心版上，成為日後焦慮的來源。比方說，年幼的孩子聽到大人批評「肥胖的人不好看」，這種帶有歧視意味的偏見，就烙印在他們的記憶裡，等到九歲入世危機的風暴颳起，這時期渴望被群體接納的孩子，會依據大人的偏見，開始懷疑自己會不會因為太胖而被同儕排擠，因此陷入無端的焦慮。

孩子自認為的缺點，往往是來源於幼年時期接觸到的大人對世界所抱持的偏見。大人的偏見越多，孩子來到九歲時，孤獨感也越強烈。結論就是，大人做事雜亂無章、說話顛三倒四，或是前後不一致的思維，都會造成孩子的緊張焦慮。

過度敏感導致身體的分泌排泄異常

孩子一般性的焦慮，普遍表現出一大特徵，就是「過度敏感」。這種過度敏感可能反映在各種身體症狀，也可能表現在心理的敏感脆弱。這樣的孩子容易出現分泌排泄的異常，例如手汗、腳汗、滿頭大汗、尿床。在教室裡，我們可以見到這些孩子經常處於發呆恍神狀態，無法專注，也記不住老師的話。他們和外在世界很難產生連結，並為此感到痛苦，程度嚴重時，就成為所謂的「社交困難」。

某男童自幼兒園小班起就是我的病人，生病時找我看診，直到現在升上國小一年級了，從未開口和我說過話。我聽他父母講，這孩子

在家話很多，然而面對我的詢問時，卻只會點頭搖頭，每當我看著他的眼睛，他立刻眼簾低垂，盯著自己的鞋，目光從不與我對視，顯然與外界難以產生連結。這孩子無時無刻滿頭大汗，天氣再冷也汗流不止，說明他的身體經常處在分泌排泄異常狀態。這麼小的孩子，哪來如此嚴重的焦慮呢？究其原因，是他的父母對教養孩子的觀點有很大歧異。媽媽十分講究細節，對孩子有很多制約，爸爸卻全面採取放任態度，這於是造成孩子嚴重的焦慮。

焦慮不安導致與世界連結有困難

有位國小一年級新生，分明很在意自己的同學，卻找不到恰當的方式來親近他們。他總是用怪腔怪調試圖吸引注意，或是無聊當有趣地給同學胡亂取綽號，這些刻意討好的舉動反而讓他喜歡的同學都消受不了，覺得他真是令人厭煩透了。

另一位同樣是小一的孩子，對新來的老師很好奇，但是他接近老師的方法不是與老師友善互動，卻是踢老師的腳，或是捶打老師。老師告訴他「不可以這樣對老師」，這孩子竟挑釁地回說：「來呀，你可以再對我兇一點哪！」這孩子會用如此激烈不當的方式與外界互動，原來是他在家經常受到父親嚴厲打罵，小小心靈未能感受到大人給予溫暖，這會造成孩子的內在焦慮不安，入世過程變得困難，也不懂得如何與外界正常互動。

出現固著或強迫行為

焦慮的孩子會有固著或是強迫的傾向，白話的說，就是「卡在某個點」。比方說，一想到某件事，便要當下立刻去做，沒有「立刻」「馬上」，他就會「卡住」。

有個小女孩到診所看病，候診時把自己的餅乾吃完了，想去吃姊姊的，但是媽媽說，姊姊的餅乾要留給姊姊，小女孩立刻尖叫起來，足足鬧了半小時之久，整條巷子都為之震動。

一名五歲小女孩，在幼兒園睡午覺的時候，就會出現強迫症狀。這是什麼樣的症狀表現呢？小朋友午睡前，會先把自己的墊被鋪好，這個小女孩堅持非要把棉被的四個角都鋪到平整，她才願意躺下，可是一躺下來多少會拉動到被角，她於是坐起身重新整理被角，同樣動作至少來回反覆二十分鐘，才終於可以躺下。但是躺下來不表示她忙完了，躺著的她身體仍晃來晃去無法靜下來。

在認知活動裡表現出各種防衛行為

● 觸覺防衛

觸覺防衛的孩子拒絕他人觸碰，也不會主動找老師抱抱。在華德福幼兒園裡，老師經常以擁抱來幫助孩子發展觸覺，並且為孩子帶來愛和溫暖的感受。但是我們在擁抱孩子的時候發現，身體僵硬的幼童越來越

多了。老師一碰觸到這些孩子，他們就全身緊繃起來。

有個就讀大班的小男童，總是閃避老師的擁抱，老師如果想從正面抱他，他會立刻轉身跑掉；老師只要一抱到他，他馬上全身僵硬，把頭撇開，設法拉開與老師的身體距離。

另一個孩子則是老師一抱他，他的雙臂霎時急凍成兩根硬梆梆的木棍，定格在身體兩側，頭部和身體呈僵硬後仰的狀態，整個人動也不動。

還有一個孩子，面對老師的擁抱，他會奮力將頭往前頂，避免與老師有身體上的接觸，雙手則不知所措的木然垂下，也不會伸出雙手回抱老師。

我在診所為孩童看診，有的孩子都已經是熟識的「老病人」了，然而當我要為他們把脈時，他們就一直躲在媽媽身後，不願伸出手，這也是一種觸覺防衛。

擁抱原本應該是溫暖而柔軟的感覺，可是這些孩子卻逃避擁抱，他們往往在家中經歷過被大人責打的經驗。打孩子會造成孩子的觸覺失調，只要別人試圖碰觸他們，他們異常敏感的觸覺就會出現防衛反應。

● 嗅覺防衛

嗅覺防衛的孩子聞到特定氣味會感到害怕或厭惡。有個幼兒園的孩子，第一次進教室與老師進行一對一教學，回家以後向媽媽抱怨說，老

師的教室裡有一種討厭的氣味，他不想再上這堂課了。原來，老師在教室點了薰衣草香氛，這孩子無法接受這個氣味。

部分嗅覺防衛的孩子則表現為偏食，抵死不吃某一種食物。

在學習情境中表現出退縮或不願參與

施泰納博士說，「焦慮而過度敏感的孩子，是以一種心魂疼痛的方式在體驗這個世界」。這話該如何理解呢？不妨想像手掌受傷，失去表皮，卻以這沒有表皮的手用力抓取東西，想想該會有多麼疼痛。不同的是，焦慮的孩子不是痛在手掌，而是痛在內心。當這種心魂疼痛的反應蔓延到思想領域時，就會表現為「學習困難」，而「學習困難」才是家長們最在乎的終極結果。

當孩子已經發展到學習困難的階段，家長才開始重視他們焦慮不安的情緒，試圖尋求治療，就必須花費很長的時間亡羊補牢，所以我期待透過本書的問世，提醒家長和老師留意觀察孩子的日常行為，從中發現焦慮情緒所透露的蛛絲馬跡，以便盡早協助孩子解決焦慮情緒。

孩子內在的焦慮不安讓他們的內心始終處在一種臨界點，隨時隨地都可能因為痛苦而感到恐懼，也很容易陷入歇斯底里的嚎啕大哭，或是整個人掉入崩潰狀態。問題雖然來源自焦慮情緒，行為表現模式卻可能千變萬化，從一系列的退縮表現到過度亢奮的情緒交替出現。施泰納博士說，內在焦慮的孩子到了青春期，女孩會傾向於發展成歇斯底里人

格，男孩則傾向於發展成自戀人格障礙。

　　如果懂得如何觀察這些孩子，你將會在幼兒園或小學的教室裡，看到幾乎所有的孩子都表現出某些焦慮現象，只是程度輕重不一罷了，難怪施泰納博士會說，二十世紀末是焦慮流行病的時代。

　　一名體制內小學三年級的小女孩，覺得數學這門功課很難，某天放學回家，她對媽媽說，「今天上數學課的時候，我覺得頭很熱，」說著，她比劃自己的額頭給媽媽看，「而且我的頭一直流汗，肚子很痛。」可憐的孩子苦難還沒有結束，當天晚上她就尿床了。這孩子平常就難入睡，只要是上數學課的那天，晚上睡覺時還必須把上半身墊高，否則就會感到無法呼吸，上氣不接下氣的大口喘息。

　　小女孩來讓我看病的時候，我問她上數學課為什麼這麼緊張，她說，「因為同學想得出來，可是我想不出來。」這就是我在前面談到的，學校要孩童思考過於困難的問題，這類智性思考形成頭部的緊張壓力，向身體的下端擠壓，影響心肺呼吸功能，導致小女孩晚上呼吸不順暢。她在數學課堂上的無力與無助感，令她備感壓力，身心都表現出強烈的焦慮反應。可不是嘛，大汗、頭痛、肚子痛、尿床，所有的焦慮症狀都齊全了。如果繼續在這樣的壓力狀態下學習，孩子到了十四歲左右，就會開始出現心理精神疾病症狀，比如憂鬱、歇斯底里、拒學、自傷、網路或藥物成癮等。

3-2. 創傷性的焦慮：童年創傷如何阻礙孩子的入世

如何活出自己的生命歷程

很多人以為孩子出生的時候如同一張白紙，事實上，即使是新生兒也並非白紙一張，孩子的出生更不是機率或巧合，而是帶著他們生生世世累積的經驗，再度進入人世間。這必須從靈性的角度來看，方可理解。同一對父母所生的每個孩子，都有不同的個體性，他們未來的生命歷程，或者說，他們將來的命運也會完全不同，但這一切絕對不是由物質性的基因所控制。孩子三歲以後，口中自稱的「我」，就是其與生俱來的個體性。

個體性早在肉身出生之前就已經存在，然後在入世過程中，與母親給予的肉身結合為一體，所以當孩子降生時，已經帶著自己個人的生命目標，而且通常是高貴的靈性目標，例如，為發揚正義公理不惜自我犧牲。不但如此，孩子自從一出生開始，就在尋找自我認同，以及實現生命目標的方式。孩子會本能的尋求自我實現的生活，所以對他們來說，最重要的莫過在一個「安全的地方」成長，以便活出自己的生命歷程，並且塑造自己獨一無二的生命。這個「安全的地方」，不只是身體的安

全，還必須是一個具備愛、真實一致性、思維清晰的成長環境。

　　孩子帶來的高貴生命主旨，或者說「靈性目標」，會沉潛在潛意識中，成為一種內在力量。如果成長環境裡有著愛、真實一致性與清晰思維，那麼孩子成長到十七歲左右，這個出生前的決定，也就是他與生俱來的、沉潛在潛意識裡的生命主旨就會浮現到意識之中，成為自己未來奮鬥的理想或目標。換句話說，沉潛在潛意識裡的內在力量，會被引導成為領悟，領悟到「我要為世界帶來什麼？我這一生要為世界留下一些什麼？」這種領悟是一種無私的創造力，是年輕人非常可貴的內在力量。然而，我現在經常看到孩子一路披荊斬棘考上明星高中，卻在十七歲考大學前開始感到茫然，不知自己的理想何在，甚至不明白自己的興趣是什麼？學測或指考雖然拿到好成績，面對選填志願卻不知何去何從。

　　我的一位病人是就讀台中第一志願高中的高材生，學測成績幾乎可以考上所有「中」字輩的國立大學。我好奇問他，想選讀哪個科系，他搖搖頭說不知道，我感到很驚訝，問他難道沒有感興趣的科系嗎？這孩子不假思索的回說「完全沒有」。

　　他就是個從小認真聽話的孩子，生活只有上學讀書，接觸層面過於狹窄，因此他的學習過程無法讓他看見自己的天賦何在。我於是建議他，不妨先選擇一個看起來可能感興趣的科系，就讀後如果不理想，還可以轉系。幾週之後我再遇到他時，問他選填了哪一科系？他竟回

答說自己選擇重考！他的決定令我十分傻眼，心想，現在不知道自己的興趣，重考拿到更好的成績就會知道嗎？這樣的思維錯亂，實在令人不解。

孩子出生後的成長環境倘若缺乏愛、真實一致性與清晰的思維，反被物質主義所取代，或是成長過程經歷了創傷，都會阻礙孩子正確理解生命，以及追求人生目標的決心。這裡的「物質主義」，是指「以經濟利益或個人利益為導向的思維」，這種思維早已普遍充斥於如今的教育現場。比方說，孩子在選填大學志願時，大人要求選擇未來「有出路」、「高收入」的科系，這種只求利己的出發點，與前面談到的願意為他人犧牲奉獻的靈性目標顯然相違背。

我問一位頂尖大學醫學系的畢業生，為什麼最後放棄行醫又重考呢？他說，「我當年的學測分數很高，猶豫不知要選讀哪一科系，老師建議我說，醫生社會地位高、收入好，當然要選醫學系。可是我讀完七年的醫學系以後，發現自己一點也不想當醫生，所以決定重考大學，選擇會計系。」這孩子的數學天賦極高，對社會經濟體系的研究興致勃勃，但是他在成長過程中經歷的創傷經驗，阻礙他的生命主旨升起來到意識之中，導致他做出不符合自己天賦的選擇，幾經摸索，才終於重回生命正軌。

孩子在成長過程中如果經歷了某些創傷，他成長到青春期之際，這些創傷經驗會阻礙其與生俱來的生命主旨升起進入到意識之中。這股與

生俱來而未被開發的內在力量，會持續停留在潛意識裡成為一種衝動，從此在內心深處不斷翻攪，並且轉換成「相反的圖像」。何謂「相反的圖像」呢？本來是照亮自己未來生命道路的力量，如今卻轉換成相反的破壞力，高貴的靈性道德目標變成叛逆恐怖行為，高尚的自我犧牲轉變為相反的傷人慾望，或是冷漠、憂鬱、攻擊、殘暴、犯罪。不但如此，被禁錮在內心深處的那股力量和衝動，會不斷試圖以憤怒的方式去破壞囚禁他的那座牢籠。這便是我們看到全世界青少年的憤世嫉俗日趨白熱化、隨機犯罪殺人層出不窮、憂鬱症人數屢創新高的由來。

因為我們不明白，現今孩子的身體組成結構已經不同於以往的世代，而教育界也不懂得該提供孩子什麼樣的環境，好讓他們安全長大。施泰納博士老早以前就揭示二十一世紀以後的人類三大難題，會是「精神心理疾病、愛滋病與癌症」。

精神心理疾病與孩子成長過程中所接受的教養方式，有明確的直接關係。現在的學校都設有心理輔導室，我聽這些老師說，需要心理輔導的孩子越來越多，所以他們的諮商時間表排得密密麻麻，面臨嚴重的人力短缺。

創傷粉碎孩子的入世過程

成年人的個體性已經充分入世，因此能夠為自己的生活目標負起責

任。但是在成年之前，我們必須先經歷三個七年（詳見《病是教養出來的・第一集》），逐漸入世和成熟。

在每個七年之中，身體會逐步發展各層次，變得個體化。而在「自我」入世過程中的各個發展階段，都面臨著不同危機（參考本書第二章），可能阻礙入世過程。除此之外，童年創傷也會干擾孩子的自我入世。孩子經歷的童年創傷，會在身體的不同層次造成損傷，最終損害到「自我」進入身體掌舵的功能，干擾了整個入世過程，妨害個體性進入身體。這樣的干擾在入世過程的三個危機階段，造成的傷害尤其重大。

童年創傷會阻礙自我和身體的連結

幼童在二歲時，思想層面首度出現自我覺醒，所以不再對大人百依百順。但是童年創傷會弱化他的自我覺醒，使得孩子處於被恐懼淹沒的危險之中，干擾了自我和身體的連結，導致自我覺醒能力低下。因此我們可以說，童年創傷使得自我從身體退縮出來，讓位給創傷進駐身體之中。換言之，受創傷孩子的「自我」失去和自己身體的連結。「自我失去和自己身體的連結」，這話聽起來似乎很抽象難解，以下實例能夠幫助說明。

新冠肺炎疫情期間，人人都必須戴口罩，一名轉學進來的國小二年級學童，每次要戴上口罩時總是很尷尬，因為他找不到自己的耳朵，拉著口罩鬆緊帶的手一陣慌亂，不知該掛在哪裡。「自我」沒有帶領他的

手去找到耳朵，不難想見這孩子的肢體協調不良對他的學習已經造成極大困擾。

童年創傷會干擾自我與周遭環境的連結

兒童成長到九至十歲之際，自我會進入第二次的強烈展現，這階段的孩子首度經驗到自我與世界分離，分離帶來的孤獨感，對自我造成強大衝擊，大人若在此時給予適當的協助，可以幫助孩子發展自我信任與深刻的自我印象。

什麼是「自我印象」呢？簡單說，就是「自己和別人有多麼的不一樣」。事實上，每個人都是不同的個體，所以發展「強烈的自我印象」，在成長過程中極其重要。可是九至十歲的孩子就是想要和別人都一樣，而童年創傷會削弱自我經驗的感受，並且弱化孩子的自信，進而引發強烈的孤獨感，這種孤獨感來自孩子的自我無法與周遭環境建立緊密連結。當孩子無法與周遭環境建立良好的連結，對於身邊發生的事會感到茫然，就好像路人甲乙，總是狀況外，所以很難跟進其他孩子的行動，也難以融入群體，無法和大家玩在一起。這樣的孩子不會玩，也不知和別人怎麼玩，所以交不到朋友，甚至遭到他人排擠。很多來找我諮商的父母，認為孩子最迫切的問題就是社交問題。他們擔心孩子在學校交不到朋友，很難與同學交流，這都是孩子的自我無法和周遭環境建立連結的後果。

童年創傷會阻礙孩子的自我與未來連結

孩子成長到十七、八歲的青少年時期，自我進入第三次的強烈展現。年輕人潛意識裡的理想升起，來到意識之中，他們可以直覺感受到自己的天命，知道自己未來應該走的路。正常來講，這時期的青少年透過自我探索，促使自我強烈覺醒，為了自我實現，主動掌握自己的命運。但是童年創傷會大大影響青少年的自我實現，並放棄自我探索，所以童年創傷的後座力會在青少年期發威，帶給孩子沒有希望的無力感，或是自認為無能無用。

創傷猶如一頭怪獸，侵蝕著孩子的身心靈，完全改變孩子的生命，使得孩子與自己的身體失去連結，也失去與外界的連結，然後是失去與自己未來的連結。

3-3. 創傷性的焦慮：創傷損傷身體的四個組成

　　人體的四個組成包括物質身、生命身、感知身以及自我組織。創傷會在身體這四個組成的發展及互動上，造成輕重不等的傷害。

創傷對物質身的影響

　　創傷的孩子失去自我與物質身體的連結，使得他們的初階感官停止發展，停留在不成熟的階段。初階感官就是身體感官，包括觸覺、生命覺、自我運動覺、平衡覺，孩子必須透過初階感官了解自己的身體，經驗自己身體的功能與能力（可參考《病是教養出來的・第三集》）。初階感官停止發展而造成機能不全，就會導致觸覺、生命覺、自我運動覺、平衡覺失調，進而引發情緒和行為問題。例如，觸覺失調的孩子是身體界限受到損傷，所以對他人的碰觸產生異常反應或極端感受，像是擁抱他人的時候力道特別猛，或是需要被強力擁抱才會有感覺，有的甚至會無預警的咬人或使勁捏人，還是喜歡隨手捏死昆蟲；有的則正好相反，對他人的輕微碰觸都感覺疼痛，誤認為是對自己使用暴力，這些都是觸覺失調的表現。

創傷使孩子與自己的生命身分離

創傷會使孩子與自己的生命身分離，導致神經系統無法發展成熟，進而造成發展遲緩，結果就是出現某些退化現象，例如退化性的語言，講話像嬰兒似的，或是吸吮指頭、尿床。

生命身損傷的孩子，免疫系統也會弱化，容易有過敏傾向，動輒感染，傷口不易癒合。他們的生命節奏被打亂，經常出現睡眠和飲食失調，這也是在孩子身上最常見的現象。很多家長反映說，孩子晚上翻來覆去一兩個小時還睡不著，我們也常在學校的午睡時間，看到有的孩子很難入睡。飲食失調的孩子則是三餐節奏混亂，無時無刻都在吃，或是完全沒有食慾。

生命身損傷的孩子生理節律紊亂，缺乏節奏感，所以在音樂課堂上可能無法唱出節奏。他們還容易出現身心症，通常以頭痛、胃痛來表現。學校裡常有學童因為肚子痛，必須到保健室休息，或是成天喊肚子痛，但又不是吃壞肚子，也不是要跑廁所大號，這些都是創傷引起的生命身損傷所造成。

生命身損傷的孩子專注力和記憶力也會減退，導致學習困難或失調。也因為他們常會有自我攻擊或自我傷害的行為，而損害自己的生命力。例如，有的孩子動不動打自己的頭，甚至用頭去撞牆，這就是童年創傷導致的自我傷害行為。

創傷使孩子與自己的感知身分離

感知身受到創傷損害時，孩子會與周遭環境失去連結，而容易喪失空間感和方向感，這是自我運動覺失調的現象。例如，經常把東西放錯位置，或是忘記自己的物品；學寫國字的時候，把左右或上下寫顛倒，還是把字全擠在頁面的某個角落，留下一堆空白。感知身損傷的孩子也會失去與他人的連結或接觸，所以和大人的依附關係變得不安全或混亂，比方說亦步亦趨的緊緊黏著大人，深怕分離。

有個應該上幼兒園的五歲孩子，因為無法離開媽媽，所以一直沒辦法上學。他的創傷後壓力來自三歲時的恐怖經歷。那天，他跟著爸媽進入自家公司所在的大樓，當時電梯門一打開，大人還在討論事情，沒注意到小朋友自己跑進電梯，說時遲那時快，電梯門在身後關上，幼小的孩子孤身一人被緊閉在巨大的「鐵籠子」裡，隨著機械的低鳴聲被送到好幾層樓高，叫天不應叫地不靈的極度驚恐和無助感，讓他從此以後不敢離開父母半步，媽媽只要走出視線之外，他就驚慌害怕。

孩子的媽媽找我商量，我們決定採取漸進式誘導，協助孩子克服創傷經驗。最初先讓媽媽陪孩子到教室外，孩子進教室上課，媽媽在外面等待，不過我們會在教室門口留一道縫隙，好讓孩子可以隨時看到媽媽。即使如此，孩子仍然很抗拒上學，幸好幼兒園老師給予足夠的溫暖，和這孩子逐漸建立連結，終於讓他融入班級，不過他仍然堅持要媽媽陪在教室門口。

當老師覺察到孩子已經比較能夠信任周圍環境，稍微放鬆警戒，也變得比較勇敢時，我們和孩子說好，上課時會把教室門關上，請媽媽離開一小時，再回來接他。媽媽從一天離開一小時，增加到兩小時、三小時，乃至半天時間，孩子已經可以安心在教室與老師、同學開心學習和玩耍，唯獨每天早晨進教室之前，他還是得大哭大鬧一番，無法和媽媽分離。直到兩個月後，他可以在幼兒園找到學習和遊戲的樂趣，也逐漸產生內在的安全感，早上不再和媽媽淚眼相送，終於能夠在學校待上一整天。

感知身損傷的孩子容易情緒不穩定，一直處在過度警戒的狀態，所以行為上出現類似過動的症狀，但其實他們並非真的過動，而是童年創傷引起的焦慮表現。

感知身損傷的孩子也容易出現反抗行為，常常和你站在對立面去槓你，令大人又氣又無奈。他們在心理情緒層面呈現過早成熟的社會化現象，早熟的心智也會帶來肉身的提早發育，所以生殖系統有可能過早發育成熟，這樣的影響絕對超乎家長們的想像。

孩子的性早熟如今越來越普遍，我在臨床上見過六歲女童已經出現乳房發育。家長不解，自己對孩子的飲食小心翼翼，限制攝取可能刺激荷爾蒙的牛奶和肉類等食物，但是他們忽略了精神心理壓力也會促使孩子性早熟。

創傷使孩子與自己的自我組織分離

　　童年早期的嚴重創傷會破壞孩子的個體性發展，損害孩子的自我組織，導致同理能力、建立關係的能力、自我信任以及信任他人的能力都遭到破壞。有些孩子之所以拒絕上學，是因為他們對這個世界失望至極，無法再信任任何人。

　　當自我組織的作用遭到阻斷，就無法調節自己的情緒和衝動，失去對情緒爆發與突發衝動的自我控制能力。

　　而當自我組織失去整合經驗的能力時，人會變得冷漠，對他人漠不關心，或是變得孤僻，還可能出現解離行為，或喪失自我感、現實感，罹患遺忘症，與事件無法連結。

　　協助創傷的孩子之前，必須先理解創傷會損害身體特定的組成，才能夠透過孩子的行為及身體表現，確切鎖定需要協助的癥結點。

3-4 . 創傷的神經學基礎

面對危機的原始反應

當我們面對突如其來的或威脅生命的事件時，身體會產生深刻的生理變化，包括肌肉收縮緊繃、呼吸加快、視野變窄、化學物質大量分泌，這一系列的原始生理反應都是為生存做準備，涉及了大腦、內分泌系統和自律神經系統，而且都是出於本能反射，不受到負責認知和理性思考的大腦新皮質所影響，這在心理學上稱為「戰鬥或逃跑反應」（Fight or Flight Response，簡稱「戰或逃反應」）。

人在面對威脅時，身心被激起的反應和產生的巨大能量，是極其難以想像的。Michael Leeds 博士是專門研究憤怒、敵意和攻擊領域的專業人士，他詳述當人類以「戰或逃反應」來保護自己的生存時，在幾毫秒之內所經歷的生理變化包括：釋放兒茶酚胺，血壓、血糖和脂肪酸升高，骨骼肌張力增強，心率、呼吸速率加快，汗水增多，四肢血管收縮，凝血因子增多，眼睛的跟蹤行為發生變化，因為感官型態追蹤增加而對聲音、音量和音調敏感。

未受創傷的人在面對急性壓力並感知威脅的幾秒之內，大腦邊緣系統的杏仁核會發出全面性的警報，刺激腎上腺系統迅速向身體注入腎上

腺素和壓力荷爾蒙（皮質醇和兒茶酚胺等），並關閉非必要的生理過程，導致消化停止、皮膚發冷、血液被轉移到肌肉裡，為突發的緊急狀況做準備。而最主要的兒茶酚胺，以及腎上腺素、正腎上腺素、多巴胺，都是由腎上腺所分泌的擬交感「戰或逃」荷爾蒙。這些荷爾蒙能使人產生積極的應對行為，在呼吸和心跳加快、血壓突然上升、肝臟釋放葡萄糖加速能量燃燒的同時，氧氣貫注身體，以便全身瞬間進入高度警戒狀態，隨時準備戰鬥或逃跑。

然而受創傷的人，其壓力會逐漸轉變成慢性，也就是長期處於壓力之中。他們體內的皮質醇濃度相對較低，而正腎上腺素及其他神經傳遞物質的水平則長期偏高，正是這種特殊的荷爾蒙組合，再加上受創傷孩子逐漸升高的警戒狀態，引起不分青紅皂白的「戰或逃反應」。又因為受創傷的人體內皮質醇減少，因此無法調節壓力所引發的生物反應。也就是說，這些創傷的孩子如果未能得到足以使他們的系統恢復正常的必要協助，他們的生物學反應會傾向於過度反應，並透過攻擊、指責或威脅來進行自我防禦，甚至對客觀中性的事件也做出不合理的過度反應，而且他們無法解釋自己的行為。

這些生理變化是會定型的，所以我們看到焦慮的孩子經常處於生理警戒狀態，手腳冰冷、體溫偏低、不時莫名的滿頭大汗或全身是汗、心跳偏快……

而當他們的危機感或焦慮持續存在時，致敏化的神經系統會越來

頻繁的以「關機狀態」（凍結反應），來回應所面對的過度壓力，而不再是以「戰或逃反應」來面對，最後就會被診斷為患有「對立性反抗症」*。

為什麼會越來越頻繁的出現關機狀態呢？人類在面對危機時，如果能夠成功對抗以保護自己或逃離危險，他會萌生精神振奮的快感，也就是戰勝了挑戰而帶來完成感和整合感。這不僅僅發生在心理層面，也發生在生理層面，所以當人們在危機之中奮戰或成功逃脫，即使耗盡身體所能調動的全部能量，之後也不會受到創傷症狀的困擾，因為創傷只會出現在未能成功對抗或無法逃脫的情況下。

人在面對危機時，所有的能量都被動員起來採取行動，若這些行動都不被允許，那麼此時此刻，從生物學角度來說，身體為了確保生存而本能地做出的唯一反應，就是「僵住不動」。又因為身體僵住的限制，他們想要戰鬥或逃跑的企圖被無法執行任務的身體阻撓了，根本無法控制發生在自己身上的事，所以常常覺得無助，正是這種無助的反應（動彈不得或僵住），種下了創傷的種子。

孩子在學校表現出的關機現象，與他經歷創傷時進入的僵住不動反應有關。孩子在可怕事件發生的當下，「神經系統唯一的選擇就是僵

---

* 對立性反抗症是指長時間不斷出現對抗行為，包括經常鬧情緒、喜歡與大人爭執、不服從指示、故意觸怒別人、推卸責任、易怒、懷恨在心、過分的報復行為等，或完全不回應外界的一切。最少符合以上四種症狀，且持續六個月以上，導致社交、家庭、學業等各方面都受到影響。

住」。對孩子來說，什麼是最可怕的事件呢？父母吵架時他無法阻止；雙親任一方離家出走或父母離婚時，他也無法阻止；他同樣無法阻止癌症在雙親體內生長；父母對他大吼大叫、高聲責罵或碎念不休時，他既不能反抗也無法逃離父母。所以孩子的神經系統面對正在發生的可怕事情，唯一能做的選擇就是關閉、停止和僵住。僵住不動的時候，身體會產生一種麻木感，以減輕創傷的疼痛。孩子在人生最初的創傷中被僵住了，這成為他在世界上的生存方式，日後面臨任何對他來說太大的挑戰時，他的回應方式就是僵住不回應。

創傷的發生來自於危機造成的驚嚇經驗，這些驚嚇經驗可能是一次性的重大驚嚇，又或是頻繁的小驚嚇。一位英國的醫生在南亞海嘯發生後，前往協助創傷的孩子，幾年之後他回到英國，發現很多並未經歷重大災難的孩子，卻和那些經歷嚴重天災地變的孩子有著同樣的創傷後壓力症狀。根據研究統計，經歷一次性的重大驚嚇經驗，例如災變等意外事件、重病等，有 15% 的人產生創傷後壓力症狀，被暴力對待者則有 25% 的人產生創傷後壓力症狀，而遭到性侵、戰爭受害者更有高達 50% 的人產生創傷後壓力症狀；至於受到頻繁的小驚嚇，例如被近親和依附對象不當對待、忽視、父母吵架或離婚等，竟百分之百出現創傷後壓力症狀。為人父母者，萬萬無法想像夫妻之間吵架也會造成孩子的創傷，更沒有料到為了孩子好而責罵孩子，同樣會造成孩子的創傷，只能說時代不同，孩子的體質也不同，個體的壓力承受度不可同日而語。

創傷對意志、感受、思考三個層面的影響

● 創傷對意志行動的影響

受創傷的孩子面對危機時有二種主要行為,一種是過度警戒,導致戰或逃的行為;另一種是警戒不足或解離,導致悲觀主義或放棄的行為。

1. 過度警戒──攻擊

過度警戒的孩子其神經系統中的正腎上腺素、多巴胺、GABA 和血清素等水平升高,但是用來應對刺激行為所需要的皮質醇則水平降低,造成他們的大腦右半球(控制邊緣系統和腦幹)變得更加活躍,也使得肢體語言、面部表情和情感處理功能,以及「戰或逃反應」等表現更為強烈。

這些都導致過度警戒的孩子在課堂中不斷從座位上站起來,插手別人的事,把自己的手腳放在別人不需要的地方,或總是找人打架、常常製造問題好讓自己可以離開教室尋求解脫。他們會用自己的身體和臉來恐嚇威脅、挑釁別人;經常抱怨別人取笑他,所以必須和取笑他的人打架;把眼神接觸視為威脅的徵兆,別人看他一眼就說別人在瞪他;把友善的擁抱視為強暴或暴力對待的預備階段,別人不小心碰到他,就說別人打他。這些過度警戒的孩子很容易引起注意,成為大家關注的焦點。

某位從他校轉到我們學校的國小二年級學童,因為在前一所學校有

痛苦的學習經驗，剛來到我們學校時，每天都會發生很多狀況，譬如打同學、課堂上任意走動、突然無預警地從窗戶跳出去。這些看似故意要激怒老師的行為，其背後真正的原因，是孩子的神經系統卡在高位，導致整天處於緊張焦慮狀態。

未烙印創傷的人通常可以處在清醒的放鬆狀態，只在遭受外界衝擊時才會開始感到壓力，然而倘若一整天都在經歷壓力，其焦慮水平也會上升。受創傷的孩子則不需要外界壓力來引發焦慮，無論是否有外界壓力，他們每天清醒的時候都處於焦慮狀態，甚至晚上也置身在睡不好的焦慮之下。基本上，他們的神經系統卡在高位而持續呈現過度警戒，即使對於中性事件也會做出過度反應，就好像他們眼前正在面對創傷危機一樣。

受創傷的孩子不僅在遭遇輕微的壓力或中性事件時會失控，就連分析能力和「說出」所發生事情的能力也被剝奪了。所以在學校裡，如果二個孩子之間發生爭執或糾紛，同時被帶到老師面前描述事發經過，那個受創傷的孩子通常說不清楚，而且在描述過程中，也多是防衛性的將問題指向他人。這是創傷導致大腦改變，以致於外部壓力和內部經驗之間的線性關係 * 發生變化，變得不再是線性的關係。

---

* 這裡的線性關係，是指來自外界的壓力越大時，內在的焦慮就越大；非線性關係指的是即使沒有來自外界的壓力，內部仍然持續在焦慮。

2. 警戒不足——恍神

警戒不足的孩子其神經系統中的阿片肽、血清素和多巴胺等的水平升高，這會造成麻木效果，而且為了平衡亢進的交感神經系統，他們的副交感神經系統需要超載工作，最後導致副交感神經主導的遲滯現象。結果就是孩子在意志行動的層面上呈現自我放棄現象，不再嘗試任何事，坐在書桌前老是抱怨自己很無聊，或者說他不在乎，說這不重要，說他什麼也不喜歡，這些現象表示他正在從朋友、老師或其他大人的身邊退縮，試圖要讓自己消失。這些孩子可能會茫然盯著你看，但其實在做白日夢，或眼睛看著你卻聽不到你在說什麼，還是忘記你前一秒才告訴他的事。

這些表面上看不出什麼大問題的孩子，他們的「自我」其實是住在自己的身體之外。他們解離、麻木或者發呆，內心卻是持續地在苦苦掙扎。他們表現得更加安靜、更容易融入背景環境，事實上是在試圖避開別人的視線，沉默寡言，關閉自己，退縮或解離（當我們脫離外界的現實生活，只關注內部世界的感受時就會產生解離）。

雖然創傷的孩子在大多數時候可能只表現出過度警戒或警戒不足的其中一種反應模式，但也有可能在同一天的不同時間表現出上述二種不同的反應模式，或在這二種模式之間轉變和擺盪。例如，某國小一年級男童，在學校常常跟老師告狀，說誰對他很兇、誰瞪他或誰打他了，回到家也經常對媽媽訴苦說今天在學校誰對我怎麼不好，還暴跳如雷的說一定要殺了他和他全家人。有一天，阿嬤沒經過他的同意吃掉他的半顆

煎蛋，他瞬間暴怒，甩門、踹床、大吼大叫。還有一次，媽媽帶他去奶奶家住，他可能對灰塵過敏，眼皮整個腫起來，媽媽沒有隨身帶冰敷袋，他立刻惡狠狠責怪媽媽說「都是妳害的」，為此大發一頓脾氣。但是這個火爆的孩子卻又常常很沮喪的說自己是壞小孩，問媽媽：「妳是不是覺得我很爛？」「妳真的愛我嗎？」「妳覺得我活著有什麼意義嗎？」「我乾脆去死一死算了。」這孩子一天之中就在二種極端痛苦的情緒間反覆擺盪，媽媽有時被他弄得不知所措，只能無助大哭。

● 創傷對感受和情感的影響

《喚醒老虎：治癒創傷》（Waking the Tiger : healing trauma）一書的作者 Peter Levine（1997），在書中為受創傷者所做的深刻描述十分貼切。他說：「言語無法準確地表達受創傷者所經歷的痛苦，其痛苦的強度難以形容。許多經歷創傷的人覺得自己活在一個沒有其他人可以分享的個人地獄裡……他們掙扎著：擔心早上起床，害怕走出家門，非常害怕死亡。不是怕自己有一天會死，而是在接下來的幾分鐘之內會死。他們害怕自己和其他人的憤怒，即使憤怒還沒有出現；害怕被拒絕或遭遺棄，害怕成功和失敗；總是感到緊張，呼吸急促，心跳加速，感覺茫然和恐慌……即使成功完成一件事也沒有滿足感。他們每天都感到難以承受、困惑、失落、無助和絕望，無法控制地爆發憤怒和沮喪。」

我們可以理解創傷的孩子常常處於情緒緊繃或低落的狀態，但是當他成功完成一件任務也沒有滿足感，這卻是一般人難以理解的，這也是

創傷的孩子很難累積自信的關鍵之一。這些孩子其實是有些許參與的意圖，一開始也願意參與，但是很快就發現自己做不到，所以無法繼續貫徹意志與意圖。此時如果有師長介入，提供陪伴的力量（而不是情感上的同情），或鼓勵孩子堅持下去，他們可能會克服恐懼，再一次採取行動。然而，當他們後來看到自己努力的成果遠遠低於最初預期，這又是一種挫敗感。例如，孩子很努力的完成一幅畫，畫完抬起頭來看看左右同學的作品，不禁自暴自棄的說：「我畫得好醜喔，別人都畫得很漂亮，我都不會畫。」但事實上，他的畫一點也不醜。

無論是警戒不足還是過度警戒，受創孩子的神經系統都是不受調節而失衡的，他們的神經系統轉速很高，心裡的傷口繃得很緊。

● 創傷對思考的影響

如同前述，創傷的孩子其意志行動腦（腦幹）和感覺腦（邊緣系統）持續處於被激活的狀態，這種要為生存危機戰鬥的行動，和內心充滿緊張恐懼的感受一直被激活的結果，導致自我關閉負責高階學習功能的思考腦（大腦新皮質）。而思考腦正是主管專注力、記憶力、語言能力、邏輯思考、統整能力等高階學習功能的腦。

一項針對創傷兒童的大腦研究發現，創傷的結果造成大腦右半球活動增加，而大腦左半球語言中心布洛卡區活動減少。我們都知道大腦左半球處理思維分析和語言能力多於大腦右半球，所以當孩子處於真實的危機，或是自以為處於危機時，意志行動腦和感覺腦就被啟動，在此同

時關閉思考腦，導致孩子傾向於忽視語言線索，而專注在非語言線索上面。也就是說，孩子聽不進別人（包括父母、老師和同學）所說的話語內容，而專注於感官型態的追蹤，像是別人講話的聲音品質、音量、音調、表情、肢體動作等等。例如，老師在課堂上講話音量稍微大一點，創傷的孩子就會覺得老師很兇，害他情緒緊張起來；或者老師講話的音調稍微拉高，創傷的孩子就覺得老師在罵人。一個人處於創傷的高敏感狀態時，他是無法正確而中肯的解讀周遭環境裡的真相的。

所以當思考腦因焦慮和恐懼而關閉時，孩子的心智狀態只能走低階的神經路徑，至於促進學習和健康社交關係的高階統整功能也就隨之暫時關閉了。創傷造成學習困難的神經學基礎就在於此。而當孩子最終呈現學習困難的狀態時，就是家長最擔憂、最焦慮、最煩惱、最不知所措之時。

創傷不僅造成學習困難，也可能令人再也無法產生新的想法或創造性的思考方式。因為對於創傷者而言，每一個新的想法都會喚起恐懼，導致情緒激增和無止無休的沮喪。這就是為什麼旁人試圖用正向的語言撫平創傷者的情緒是有困難的，對他們說教更是白費唇舌，因為創傷並非一個認知事件，人們不需要「分析」某個事件是否特別可怕，或是根本還來不及分析某事件是否危險，就已經直接感受到創傷效應了。

Chapter 4

造成創傷的原因

當家長在孩子的教養上遭遇無法處理的問題來找我商量時，我總是請他們先填寫一張表格，內容是關於孩子生命中的所有細節，包括健康狀況、身體發展等等。其中一欄是孩子從出生至今，曾經遭遇的生命重大事件，然而表格交回來的時候，這一欄卻經常是空白的。

孩子出生時一切正常，也沒有智力問題，但是成長到六、七歲時，卻出現學習困難或情緒障礙，這難道不是因為孩子從出生至今累積的種種生活經驗，造成現在的問題嗎？莫非現在的問題都像是莫名被雷擊中一樣，純粹只是運氣差？當然不是囉。關鍵就在於，我問的是「孩子出生至今發生過的重大事件」，但是家長對「重大事件」的認知與我有所不同；或者說，每個人對於重大事件的認知有差距。很多生活中發生的事，對幼童來說是天塌下來的重大事件，但是大人自認為承受得住，也就忽略了對孩子造成的嚴重衝擊。

我們每天都可能面對許多壓力來源。什麼是壓力來源呢？整體來說，只要是我們不想要的，或是被強迫的，甚至是非預期發生的、無法控制的生活事件，都會造成我們的身心壓力。事件的衝擊性越強烈，或出現頻率越高，壓力越隨之升高。當這些生命危急事件、慢性壓力或不利的生活條件難以改善時，就可能形成童年創傷，在接下來的生命中烙下自己無法處理的恐懼和焦慮。

人智醫學將創傷分為主要四大類，分別是生理性的、持續性的、語言性的、關係性的四種創傷類別。

4-1 . 生理性的創傷

　　生理性的創傷是指因為一次性的驚嚇經驗而導致創傷，例如醫療介入。幼兒若是經歷手術的侵入性醫療、全身麻醉或是牙科手術，會帶給他們極端的驚嚇。我見過一名幼童，三歲時因為好奇，把異物塞進耳朵，被送進醫院夾取出來，從此以後，只要有人接近這孩子的耳朵，他就出現歇斯底里的過度反應；他生病時，家人要帶他去看醫生，他便極力抗拒，而且大發雷霆。另一個孩子三歲時生病住院，每天被多次喚醒接受針劑注射，連半夜也不得安眠；出院後，這孩子變得很容易受驚嚇，動輒哭泣，晚上睡覺噩夢連連，也很難入睡；上小學以後，他被診斷為過動症，老師的報告指出，他在課堂上注意力不集中，有過動症表現。

　　事實上，很多醫生只關心病人的症狀表現，而不問症狀發生的根源。當孩子經歷誇張的驚嚇反應，而出現高度焦慮時，往往被視為過動症。「過動」是一種很容易在藥物控制下受到抑制的症狀，所以成為相當「受歡迎」的診斷。但是對於創傷所引起的類似過動行為，使用過動症藥物是無法見效的。

　　常見的生理性創傷還有母親分娩過程中出現併發症或胎兒窘迫症，這些都是分娩當中的高壓力和危機。我的一名五歲小病人，當年出生時

曾發生臍帶繞頸的生命危險，才一生下來就立刻送保溫箱住了三天，回家以後動輒大哭，睡眠很不安穩，也不太吃東西，是個十足的「磨娘精」。

此外，發生意外的驚嚇，例如遭遇車禍，甚至是差點發生車禍的虛驚，或是跌倒、從樓梯摔下來、走在路上突然遭到犬隻攻擊等，都可能留下創傷後的壓力。

肢體長時間固定不動也會造成生理性創傷，例如骨折後打石膏，時間久了也會留下心理創傷。遭遇地震、山崩、水災、火災、颱風、龍捲風等無法控制的天災人禍，受害的驚嚇同樣會留下創傷後遺症。

4-2 . 持續性的創傷

持續性的創傷是由多種不同的創傷經驗，或是重覆性的創傷經驗所引起，例如，疾病的治療期間拉得太長了。我治療過許多成年人的異位性皮膚炎，他們都是在出生後不久或是幼年期就發病。異位性皮膚炎的症狀特徵就是癢癢癢，這種間歇性或持續性的皮膚瘙癢，常會癢到令人神經緊繃，接著就是失眠。皮膚症狀嚴重時，連上學都會被同學投以異樣眼光。由於皮膚太癢，上課難以專注，或是無法參與比較激烈的體育活動，長期下來，病人的自我認同感變得非常低下，身心都痛苦不堪。

大人的疏於照顧，也會造成孩子的持續性創傷。像是父母工作太忙，孩子常無法得到關注，或是在需要父母的時候，無法得到回應，都可能在孩子的身心烙下創傷。例如家有罹患重病或頑疾的孩子，占用了父母絕大多數時間與全副心思照顧，而遭到忽略的其他手足。有位小學二年級男童，從小罹患異位性皮膚炎，一直在看醫生，隨時隨地都要媽媽陪在身邊，甚至無法正常上學，連晚上睡覺也黏著媽媽。男童有個七歲的妹妹，晚上也想要和媽媽一起睡，但是媽媽為了全心照顧生病的大兒子，只好對小女兒「曉以大義」，希望她體諒哥哥病弱，把媽媽的陪伴「讓給哥哥」。女童畢竟還是渴望母親關愛的年紀，理智上雖然告訴

自己要懂事，身體卻誠實反映自己內心的需求，於是她的皮膚也開始癢起來，被她抓出大大小小的傷口。她告訴媽媽說自己也得皮膚病了，需要媽媽陪，可是我反覆檢查，看不出小女孩有任何皮膚病的病癥，她說的皮膚病顯然是為了爭取大人關注的「苦肉計」。

毫無疑問的，大人的虐待或傷害，都會在孩子的身心留下創傷。「虐待」兩個字聽起來情節嚴重，好像一定要對孩子做出傷天害理的事才算數。但其實，大人只要鬧情緒，或是對孩子的表現不滿意便訴諸言語或行為暴力，就已經是十足的虐待。孩子如果經常被打，他的觸覺感官就會失調。

觸覺感官必須在溫柔舒適的觸碰下，方能夠正常運作。經常被打的孩子，觸覺感官在暴力破壞下容易運作失調。觸覺也是身體與外在世界的具體界限，當這道界限受損，身體感覺會出差錯，例如，需要力道強大的擁抱，或是相反的，輕微的碰觸都會被擴大解釋為惡意攻擊。

觸覺感官失調還會進一步影響心理，造成心理界限模糊，容易淪為霸凌對象，或是心理過度敏感的「玻璃心」，只要他人稍微越界，他就感到心裡很受傷。尤其現在的孩子真的「碰不得」，千萬別再用「不打不成器」的老八股觀念來養育新一代。

至於對孩子性騷擾、性侵、亂倫，已經屬於重度的童年創傷。在我數十年行醫生涯中，見過好多起幼年時不幸遭到性侵的女性，長大後難以維繫健全的伴侶關係，表現十分極端，或嚴重缺乏安全感，若未能尋

求亡羊補牢，做好療傷工作，往往罹患重度憂鬱。

幼年期經常搬遷，也是造成創傷的一大因素。每次搬家都得被迫和熟悉的家人朋友分離，重新適應陌生環境。搬家前後，家中大人總是特別忙碌，疏於照顧孩子，也打亂了孩子的生活節奏，而孩子的安全感正是依附在規律的生活節奏之下，這些都造成孩子很大的身心壓力，也成為我們大人意想不到的童年創傷。

一名小學二年級的學童轉入我們學校就讀，原因是孩子上小學一年級以後，開始有回家作業要寫，這孩子總是寫不完，學習也跟不上體制內學校的學習過程。評估後發現，孩子的智能瀕臨障礙的臨界點，在理解與回答問題、重述短句、回想記憶上都有困難，當然會跟不上一般孩子的學習速度。

追蹤這孩子的生命史，得知他的爸爸長期在國外工作，所以媽媽經常帶著孩子出國去和爸爸團聚。這孩子才八個月大，就已經是頻繁進出國門的「空中飛人」。去過最多次的是美國，其次是日本、新加坡、韓國、中國、法國、比利時、荷蘭和瑞士等，平均每兩個月就要出國一次。這孩子五歲時第一次發作癲癇，是在泰國的旅館裡。發作的兩個月後，醫師診斷為疑似非典型癲癇，卻開始讓他服用抗癲癇藥物。儘管每天服藥，孩子卻還是斷斷續續發作癲癇。回顧他每次發作的時間點，都是在國外旅館或飛機上，甚至是在台灣做長途旅行途中。

主治醫師告訴孩子的媽媽說，癲癇必須服用一輩子藥物控制，但是

媽媽總覺得孩子自從服藥以後，反應變得很遲鈍，這孩子以前活潑好動，並不是現在這樣子。來找我看診的前一年，孩子的主治醫師才又給他加了一種藥，服用後孩子的反應更慢了，而且總是昏昏欲睡，無法清醒地學習。

　　搭飛機到美國，航程十多個小時，連大人都承受不住長時間待在高空氣壓的環境裡，何況是稚嫩的小朋友，所以經常可以在機艙裡聽到嬰兒尖叫大哭。對幼兒來說，高空的長途飛行比在平地上搬家刺激更大，更讓他們吃不消。所以華德福教育建議，孩子九歲前最好不要搭飛機出國，過早的空中旅行會造成孩子的驚嚇以及生命覺嚴重失調。

　　常見的童年創傷還包括幼年期經歷過走失、迷路的極度驚恐。此外，受到大人的過度制約，也會造成童年創傷。有些父母家教嚴厲，規矩特別多，孩子動輒得咎，神經系統一直處於過度緊繃狀態無法放鬆。一位三十五歲女性，因為瘦成皮包骨，還有睡眠失調問題來找我調養。問診過程中，我發覺她的神情十分緊張焦慮，細談之下，才知道她有個非常嚴苛的媽媽，小時候，只要媽媽叫喚，她沒有立刻飛奔到媽媽跟前，就等著被媽媽呼巴掌。所以小小年紀的她已經有胃痛的老毛病，後來惡化成胃潰瘍，身體始終瘦骨如柴，吃不下又讓她越來越虛弱，夜晚總是輾轉難眠，之後發作憂鬱症。

　　還有一位病人回憶，媽媽對他的學業成績要求很高，永遠有寫不完的功課。上小學期間，有時實在累壞了，功課寫到一半，倒在床上

瞇一下，被媽媽發現後就慘了。媽媽會把棉被一掀，一面厲聲斥責，一面暴打他，責怪他沒有盡到學生本分。

大人自認是為了孩子好，對孩子不停碎念，這也是一種令孩子神經緊繃的精神虐待。有位病人對自己的情緒問題感到很困擾，他說，只要有人提醒或叮嚀他任何事，他都會一秒失控變成噴火暴龍，他也不明白自己為何如此反應過度。經過抽絲剝繭，他才回想起自己小時候，爸爸總像背後靈似的，對他的一舉一動不停糾正提醒，這種過度制約造成他非常反感與抗拒，已經到了受創傷的程度。

幼年時經歷了與親人的生離死別，包括父母離異，或是任一方因工作等需要，居住異地，久久才能夠見一次面，也會造成童年創傷。「久久見一次面」的「久久」是多久呢？幼童每天都想要見到爸爸和媽媽，所以對孩子來說，一星期就已經太久了。一名國小一年級的女童，爸爸因為工作關係，經常出差外地，一星期平均有三天不在家。有天晚上，媽媽幫弟弟洗過澡，只等小一的女兒自己刷牙以後，就可以安頓兩個孩子上床睡覺了。誰知道女童刷過牙，徑自打開大人的衣櫃，各拿出爸媽一件衣服，然後抱著兩件衣服，趴在床上開始哭了起來。她哭得傷心欲絕，任憑媽媽如何哄她安慰她都不理睬，爸爸從出差地開視訊找她，她也不願對話。十多分鐘後，她終於停止哭泣，難過的說，她好希望全家四個人可以一同刷牙，一起睡覺，但是都沒辦法做到。小女童吐露了真心感受以後，情緒才稍微平復，那天晚上她就抱著爸爸的衣服入睡。

　　另一位小女孩經歷五歲時爸爸離家出走，緊接著又是父母協議離婚的家庭事件紛擾，開始出現過度防衛行為。例如，擅自翻動老師桌上的物品或同學的書包，排隊時經常推擠前方，自己卻又大聲喊「不要推我，不要推我」，但其實後面小朋友和她保持相當距離，根本沒有人碰觸她。小女孩自五歲開始就入睡困難，在幼兒園午睡時，無聊的她會去拉扯其他小朋友的被子。她還出現衝動性的行為，玩攀爬架的時候想要搶第一，但是最高點的空間有限，她竟出手撥開其他小朋友，讓別人摔下去；一旦感覺有人擋住她的去路，她會不自覺伸手猛力推開別人，卻絲毫不覺得自己太粗魯無禮。當師長提醒她的行為時，她會若無其事地笑著回說：「哪有，我沒有，那不是我！」這孩子一有事情就防衛性的指責別人，把自己的問題撇得一乾二淨。比如說，同學提醒她：「你撞到我了。」她會強辯：「哪有，是你自己過來撞我的！」媽媽有時看到她在家時一個人面露哀傷神色靜默不語，想要關心她，她又會極力否認，說自己沒事。小女孩甚至聲稱自己小時候曾被壞人抓走，但是媽媽否認說根本沒有這回事。這也說明小女孩內心太痛苦，迫使她必須進入一種非現實的解離狀態，才能夠暫時脫離難以承受的苦。

　　婚姻失合最後走上離婚一途，或許是大人萬不得已的決定，但是孩子無法理解這麼多，對他們而言，父母離婚就是天崩地裂的危機。他們愛爸爸也愛媽媽，希望自己得到相同的喜愛與陪伴，當父母其中一方因為離婚而必須離開自己，孩子單純的認知就是：「你們不愛我，如果愛我，就不會離我而去。」他們會自責是自己不乖、很差勁，才讓父母討

厭，這讓他們失去自信心，產生自我貶抑的感受。在離婚率居高不下的現代社會，創傷的孩子只會越來越多。

「目睹兒」（「目睹暴力兒童」簡稱）受到的童年創傷同樣不容小覷。父親和母親都是孩子的最愛，即使並未親身受到父母的暴力對待，可是父母感情不睦，口角爭吵，會讓孩子不知所措，感受莫大的緊張壓力，烙下童年創傷。有位罹患乾癬的十六歲少年來找我看病，這孩子晚上總是睡不好，而充足且品質良好的睡眠是任何疾病痊癒的要件，所以我施展十八般武藝，想要讓這孩子晚上好好夢周公，無奈改善始終有限。深談之下，他才說出自己每到晚上都害怕睡覺，因為小時候經常在夜深人靜時，聽到客廳傳來父母激烈的爭吵聲。有一晚，他感到父母這次的吵鬧聲特別不尋常，忐忑不安的他從門縫偷看，竟目睹媽媽正在揮舞手中的一把菜刀，從那天起，他晚上就沒辦法安心睡覺。

原本在體制內小學就讀三年級的男童 M，轉到我們學校就學。根據 M 媽媽的說法，他是在國小二年級的一次數學考試當中，寫了幾道題之後就開始發呆沒反應。帶去醫院評估，診斷是注意力不集中合併有解離現象。M 男童三歲前，住在三代同堂的大家庭，除了祖孫三代，還有姑姑同住。他經常目睹家中長輩爭吵，比如爺爺對奶奶言語暴力，叫她「去死一死比較好」。有一次家裡的大人又吵成一團，姑姑甚至拿刀架住男童的脖子威脅家人。孩子的爸爸每次發脾氣，就會抓起東西往媽媽身上扔；開餐廳的奶奶會在餐廳和家人吵架，彼此互罵「垃圾」。孩子三歲以後，父母開始打離婚官司，法官最後把孩子判給母親照顧。二

年級的一次課堂上，提到離婚這件事，M 男童回家對媽媽說，他上這堂課的時候很想哭，因為他想到小時候爺爺拿掃把要打媽媽，奶奶也常罵媽媽，讓他覺得很難過。這孩子轉入我們學校以後，老師觀察到每次課堂上點到他的名字，他就會像驚弓之鳥，瞪大眼睛驚恐地看著老師，而且剛入學的時候幾乎不開口說話，就連上音樂課也不出聲唱歌。他對個人物品十分健忘，需要老師一對一陪伴，協助他一起整理。他也無法理解一般國小三年級孩子可接受的複雜指令，老師必須簡化步驟，或是一個步驟一個步驟的帶領他完成。學校每天早上四步驟運動的固定練習，已經連續進行五個星期了，他仍然不記得順序，還要同學提示他。對於課堂上講過的故事，他有重述上的困難，記憶故事也是零散片段。M 男童小小年紀就目睹暴力，對他的大腦發展造成嚴重的負面影響，導致學習和生活上都遭遇困難。

　　哪怕並未親眼目睹或親身經歷，只要間接聽聞可怕或威脅性的事件，孩子也會心生恐懼，甚至留下創傷，這也是大人容易忽略的事實。即使是襁褓時期懵懂無知的嬰兒，都可能經歷創傷，而且創傷的恐懼記憶會烙印在全身細胞，只因為他們還太小，無法用口語表達自身所經驗的恐懼，但是創傷經驗會改變他們的行為，所以我們必須透過觀察孩子的行為改變，了解他們是否有未解決的創傷。

　　此外，孩子小時候如果經常被誤解、不受尊重、不被重視，或是常被大聲斥責、被嫌棄不夠好，都可能造成持續性的創傷。

4-3 . 語言性的創傷

　　語言攻擊、當眾羞辱、成群襲擊、同儕排擠、語言霸凌都可能令當事人經驗到語言性的創傷。孩童無知的話語、不恰當的表達，也可能傷害同儕而不自知。

　　有位國小一年級的男童，父母很早就離異，每天都是媽媽接送他上下學。某天，班上同學對他說，「怎麼都只看到你媽媽，從沒見過你爸爸。人家我有爸爸，你沒有。」男童原本個性積極，充滿學習熱情，但是從這天開始，他回到家連功課都不寫了，整天對媽媽發脾氣。媽媽難受了一個星期，再也招架不住，跑來向我求助。同學一句「你沒有爸爸」，深深刺中這男童心中的最痛，讓他感到萬念俱灰。我和男童的班導師討論，該如何協助這孩子。班導師表示，班上有四位學童是單親家庭，可以藉由這次事件，讓班導師透過說故事的方式，解開孩子的心結。對受到創傷的孩子百般解釋或說教，都無助於解決問題。因為解釋或說教是從思想切入，然而創傷是傷在心魂層面，因此唯有從說故事導入，才能夠直接進到孩子的心魂，達到療癒的作用。導師對全班講了一個故事以後，男童當天回家，心情如釋重負。他想要把老師說的故事轉述給媽媽聽，可是年幼的孩子說得零零落落，令人不知所云。雖然語言思想表達不清，但故事內容已經進入孩子夢幻的心魂，直接滋養孩子，恢復

了原本開朗好學的性情。

受到當眾羞辱對孩子而言是重大打擊。有一名國小四年級的學童，在朝會上遭到老師當眾責罵，而且事件起因完全是老師的誤解，害他蒙受不白之冤。不知如何為自己辯解的孩子，朝會以後把自己反鎖在廁所裡，足足哭了二個鐘頭停不下來。他是極具音樂天分的孩子，經常上台表演，但自從這次被當眾羞辱的經驗以後，他變得很退縮，抗拒上台露面，他說不想再被人看見。當眾羞辱把孩子的自尊貶抑到谷底，羞恥感令他們恨不得直接從地球上消失，這樣的傷害可能一輩子都無法從記憶中抹滅。

成群襲擊和霸凌是最複雜的狀況，造成的創傷屬於心理性創傷，以下就是一則令人痛心不捨的真實案例。

十七歲女孩W由媽媽帶來看診，希望可以穩定女兒的身心狀態。這孩子在小學高年級階段，曾遭到班上女同學霸凌，經歷了頗為辛苦的過程。當時她想參加畢業舞蹈表演，也跟著練習了一段時間，誰知道其中幾位同學，和一名想要中途加入的女孩比較要好，於是向老師提出更換表演名單的要求，希望換掉W。雖然老師並沒有答應，可是這件事對W來說造成很大的打擊，從此抗壓能力變差。女同學們在這次事件之後也形成小圈圈，威脅原本和W要好的同學不可以再與W往來，W忍受同學排擠的日子一直持續到畢業。升上國中二年級，又發生了一件令她耿耿於懷的傷害事件。

那是一次英文考試，W把考卷交到老師桌上，但是老師找不到考卷，就當面質疑她根本沒有交卷，要直接以零分計算。因為她是和同學一起交考卷的，同學的考卷都在，唯獨她的不見了，所以她請老師再找找。英文老師百般不樂意，最後雖然真的找到她的考卷，竟還是將她的成績打了零分。這孩子的英文原本不錯，但是這張零分考卷害她被打入中後段程度級別。老師對這級別有很多加強措施，其中之一是只要同級別的孩子寫錯字，大家都要連坐罰寫一百遍。因為承受壓力太大，W經常口腔發炎潰瘍，而且月經出血量變大，身體日漸虛弱。這次事件也讓班上一小撮同學開始霸凌她，只要有人和她聊天，這人就會被其他同學拉走，故意要讓W難堪。本來和W親近的同學，因為怕自己也會遭到波及，成為被排擠對象，只好跟著疏遠她。分組課程只要和W分到一組，同組的孩子就會露出嫌惡的表情，甚至直接口頭抱怨故意讓她聽到，這下子W在班上徹底被孤立，原本自信的女孩也完全失去信心，彎腰駝背，愁眉不展。

壓垮駱駝的最後一根稻草，是最近學校舉辦的義賣活動。在公布分組名單時，一名女同學轉頭對一名男同學說道：「不必和W同組，你終於可以放下心中的大石頭了吧！」W再也受不了同學直接或間接的奚落，傷心地跑到學校大廳的一角哭泣。一名老師看見她在哭，希望她整理好自己的情緒，但是W就這樣無法自制的又哭又笑，持續了一小時之久。回到家的她，情緒非常低落，睡前再度開始反覆哭了又笑、笑了又哭，媽媽被她異常的表現嚇壞了。從這天開始，W不願再去學校，媽媽只好

帶她就醫，精神科開給女孩抗焦慮和鎮定藥物，想要穩定她的情緒。

　　集體霸凌造成的心理創傷是很難抹滅的，它會完全破壞孩子對人和世界的信任感，讓人徹底崩潰。想要告別霸凌的傷害，首先要改變生活和就學環境，孩子仍會有逐漸獲得療癒的可能。

4-4 . 關係性的創傷

　　關係性的創傷通常發生在近親之間，比較常見的當屬「親子關係困難」。親子關係困難往往起因於父母本身的童年創傷，生下的孩子也逐漸產生童年創傷，造成雙方陷入關係困難之中。

　　有位媽媽小時候在緊張的親子關係當中受了很多苦，長大結婚之後，孕育了一雙兒女，女兒三歲時經歷一場突如其來的車禍意外，最終儘管有驚無險，但從此變得情緒極不穩定，成天黏著媽媽，動輒哭鬧，脾氣暴躁，行為固著。媽媽為了照顧這個女兒，承受極大壓力，讓原本就有童年創傷的自己甚至開始感到呼吸困難，經常喘不過氣來。有時女兒哭鬧得太厲害，她會變得無法控制脾氣，忍不住高聲怒罵，但是她激烈的反應，又讓受到車禍驚嚇而缺乏安全感的女兒更加激動，母女倆陷入劍拔弩張的關係。女兒感受不到媽媽溫暖的關愛，媽媽則是擔心女兒乖戾的個性不改，將來如何是好。

　　近親關係中，孩子如果長期被忽略，也會形成非常沉重的身心壓力。有一名幼兒園的孩子忘了穿外套，媽媽擔心孩子受寒，趕緊幫他送到學校來，結果意外目睹了孩子在教室裡的一幕。她看到班上十幾名園兒玩得渾然忘我，只有自己的兒子在角落裡狼吞虎嚥的吃著飯。媽媽激動地跑到大廳哭起來，氣呼呼找老師興師問罪，質問為何讓她兒子一

人孤單的吃飯，而且吃得那麼急，萬一噎死怎麼辦？乍聽之下，會以為媽媽心疼自己的孩子被忽略，捨不得孩子受苦。然而，我們知道這位家長經常打孩子，對比她質疑老師的失職，立場似乎十分矛盾。我於是找她詳談，想知道她在幼年時期是否曾有過被父母忽略的經驗。這位媽媽毫不遲疑地說：「有啊，我們家重男輕女，所以我小時候都沒人理。」這位媽媽從小在被忽略的環境長大，所以當她看到兒子在教室裡獨自吃飯，立即投射自己孤單的童年經驗，而掉入被忽略的創傷情境中，我們稱之為「創傷重演」。我後來問了教室老師，這孩子為何一個人吃飯，沒能加入大家的自由遊戲時間。老師說明，小男童當天沒吃早餐就來上學，還不到午餐時間已經餓得受不了，老師就讓他先吃飯。又因為他飢腸轆轆，所以吃得狼吞虎嚥，這就是媽媽目睹這一幕的背後真相。媽媽投射自己的童年創傷經驗，與當天的事實相去十萬八千里遠。

一位小女童想要轉到我們幼兒園就讀。小女童的媽媽說，這孩子在原來的幼兒園遭到師生聯手霸凌，動不動刁難、責罵她。媽媽聽說我們學校老師很有愛心，所以想轉過來就學。最初的一星期，小女孩狀況十分良好，媽媽頻頻向我們道謝，說孩子在充滿愛的學習環境下受到溫暖的照顧。可是一星期後的某天，小女孩回家後向媽媽告狀，說老師罵她。第二天一早，媽媽打電話到幼兒園大聲哭訴。經過調查，原來是小女孩上廁所時站在馬桶上，老師跟她說這樣很危險，請她下來。從這件生活插曲，可以知道小女孩已經到了無法容許他人提醒的

狀態。又有一天，小女孩回家對媽媽說同學打她。媽媽又是隔天一早打電話到學校討公道，質問園兒為何霸凌自己的小孩，讓她的寶貝女兒再次經歷創傷，忿忿不平地說我們愛的教育都是騙人的。我問明事情原委，才知道小女孩故意踩死一隻蟲子，同學抗議她說，怎麼可以踩死益蟲，小女孩回家就狀告母親，說同學打她。

我們仔細追究這孩子的生命史，才了解到小小年紀的她，已經歷過多次創傷。先說她的媽媽本身罹患憂鬱症，所以小女孩早在胎兒期就已經帶著生命創傷。孩子出生後胃口不佳，不太願意喝奶，因為家裡經濟並不寬裕，媽媽必須外出工作貼補家用，所以委由阿嬤照顧小孫女。阿嬤有重度智障，經常打小孫女，這也是我們經常看到的惡性循環，即，大人有未療癒的創傷，又用自己的創傷去傷害孩子，甚至傷害真正在幫助自己的人。創傷未癒者會帶著受害者的心態生活，這樣的心態將毀滅所有的關係。一個人如果不斷在毀滅自己與周遭的關係，他的人生是斷不可能走向幸福的，所以有創傷的大人應該要積極尋求治療。倘若幼年承受的痛苦是來自親子依附關係問題，那麼創傷造成的負面影響會格外嚴重。

Chapter 5

不同年齡的
創傷症狀表現

　　創傷如果得不到解決，在生命遭逢考驗時，就會出現不同程度的脆弱；又因為不同年齡的生理、認知、情緒、社會性等方面的成熟度有別，因此發展出不同的症狀表現。由於本書主要在討論創傷與學習困難的相關議題，尤其針對在校生的問題，所以大人的創傷症狀就不在我們的討論之列。

5-1 .胎兒期的創傷症狀表現

　　媽媽在懷孕期或分娩過程中，倘若歷經艱難，那麼孩子就已經置身於神經系統脆弱的生活場景裡了。從神經學的角度來看，大腦的大量發育雖然是在胎兒期，但是小生命出生後，大腦並未停止發育，特別是在出生後的前四年，大腦會經歷第二次的大量發育。嬰兒甫出生時，只有意志行動腦（腦幹）在作用，腦幹的最主要作用在於人體功能的自我調節，而母親的心跳速率正是腦幹發育的主控者。

　　媽媽在孕期中如果能夠自我調節每天的身心壓力，那麼胎兒的腦幹就得以發育良好。倘若孕婦承受壓力過大，或承受壓力的時間過長，難以自我調適，胎兒的腦幹與其自我調節能力就無法有規則的發展，而在出生後可能出現神經功能紊亂現象，這就是出生前創傷的神經學基礎。

　　胎兒期發生的事件對孩子的人生影響至為深遠，因為這時期建構的身體藍圖，會影響未來每一個系統的發展，包括免疫系統、神經活力、情緒調節、溝通能力、智力，還有自我調節機制等。我們一直致力於探究孩子在幼兒園、小學及青春期所發生的問題，但故事的開頭從來不為人知，好像一本書總是少了最初的篇章，這個篇章就是胎兒期、出生期與嬰兒期。這三個時期的孩子不會說話表達，因此我們無從得知他們究竟經歷了哪些事。而醫學界至今仍存在迷思，認為除非母親在懷孕期間過度使用藥物和酒精，否則胎兒的發育和出生過程就不是那麼重要，這

種見解會阻礙我們理解學習困難的學生。

一名十五歲少年被爸媽帶來看診，主要原因是大人認為孩子已經手機成癮，醒著的時候必定和手機黏在一起，完全無心課業，家長越是阻止，孩子反應越激烈，簡直到了無所不用其極的地步。大人小孩為了一支手機劍拔弩張，已經對峙長達四個月的時間，沒一天好日子過。直到最近媽媽實在忍無可忍，動手打了孩子，但是孩子仍然繼續耍廢，完全不思振作。媽媽擔心兒子再繼續這樣下去，前途將化為烏有，所以找我幫忙，想了解如何協助孩子戒斷手機。

羅馬不是一天造成的，青少年會走到失去人生目標，與父母頑抗到底，其中的原因其實很複雜，而且問題已經累積相當時日。我們可以追溯到這孩子最早的一次創傷，是還在娘胎的時候，媽媽抽血做唐氏症兒篩檢，顯示結果異常；進一步接受羊膜穿刺檢驗，雖然診斷為胎兒正常，但是已經對孩子造成創傷性的影響。這孩子一出生就呈現創傷症狀，十五年來無法安穩入眠，苦等二個鐘頭才終於睡著是常有的事，而即使入睡也只是淺眠，經常會轉醒，所以他從小就是個磨娘精，哄不睡又很怕黑、怕蟲子，只要一看到蟑螂就大呼小叫。這孩子一直內向怕生，與人說話眼神飄忽，無法看著對方的眼睛。幼年時戒尿布也很辛苦，期間拖得很長，直到國小五年級還會尿床。大人不了解這些都是創傷症狀的表現，所以未能及時處理。創傷不處理，不會隨著孩子「轉大人」自行痊癒，反而是年紀越大，表現越激烈，這孩子的創傷就是以「成癮」和「對抗」的方式來表達。

5-2 . 嬰兒期的創傷症狀表現

　　嬰兒哇哇落地之初，完全仰賴自律神經系統裡的交感神經分支，來調節全身的作用。也就是說，嬰兒已經準備好了興奮和警戒反應，但因為尚未發展出副交感神經的分支，因此無法憑自己的能力平靜下來，或是靠自己降低交感神經反應。這就意味著嬰兒如果經歷了極度的壓力或創傷，他是無法自行調節交感神經系統反應的。所以嬰兒在壓力期間升高的心跳、血壓、肌肉收縮、內分泌及神經傳遞物質水平，是無法自行恢復到正常水平的。他的神經系統處於高度緊張狀態，卻又缺乏自我調節手段，因此在副交感神經系統分支充分發育之前，嬰兒完全依賴照顧者來調節他們的經驗、感知和情緒。這也就是為什麼父母若能夠調節自己的壓力水平，就可以直接或間接調節嬰幼兒的壓力水平。

　　反過來說，父母的自我調節能力如果經常不足，嬰兒的神經系統將受到父母的焦慮所帶來的壓力和刺激，導致壓力荷爾蒙釋放到全身，殘留在幼小的身軀裡，並且影響他們仍在迅速發展中的大腦。除非從父母接受到足夠的撫慰，否則嬰兒持續處於進行中的壓力，身心勢必一直保持在高度警戒狀態。他們的頭腦會被形塑成為「將驚嚇與無助變成常態，直到精疲力竭以後掉入完全關機」的狀態。這種不受調節

與平衡的狀態，對發育中的大腦和神經系統造成極嚴重損害。照顧者若能夠積極協助嬰兒從負面的不舒適、飢餓和沮喪轉移到正向狀態，他的情緒就會有效的受到調節與平衡，這一過程能夠強化孩子的耐受力，協助其未來得以承受更強烈而長期的情緒壓力。

相反的，照顧者如果無法或拒絕與嬰幼兒共同建立親密的依附關係，會導致孩子的羞恥感。羞恥感令嬰幼兒落入痛苦狀態，這是照顧者與嬰幼兒之間的關係未能妥善調節的結果。嬰幼兒總是期待父母給予自己積極的回應，嬰幼兒哭鬧，其實是期待父母給予愛的關懷和眼神，但是孩子的哭鬧卻往往令父母心煩氣躁，回以厭惡和拒絕的眼神，親子關係開始失去和諧。當這種情況無預期的發生在孩子身上，孩子會進一步被推向他們已經歷過的負面狀態，而且是他們還無法自主調節的狀態。

孩子的羞恥感可以透過修復的過程得到調節，也就是照顧者如果能夠自我監督，並且調節自己對孩子的情緒影響，重新有規律地與孩子和諧相處，羞恥感未必會造成孩子將來的問題。但如果照顧者未能自我監督並調節對孩子的影響，還是照顧者無法或不願意修復親子關係，就會導致孩子長遠而持續的羞恥感傾向，造成其身心的關機狀態容易被觸發，導致快速的去能量狀態，包括容易疲累、退縮、企圖讓自己消失。

一歲前的嬰兒不可能會說話，我們無法透過語言了解他們的感受，

只能藉由觀察孩子的各種表現來了解他們是否進入創傷狀態。嬰兒如果有創傷性的痛苦，常常是以激烈的肌肉動作來表現，例如手腳胡亂揮舞，或是情緒煩躁不安。當嬰幼兒有如下的表現時，就說明可能已經受到創傷性的痛苦所折磨：愛哭鬧、經常出現驚嚇反應、舒適感消失、睡眠失調問題、餵食問題、身高體重不足，還有依附關係失調，例如很黏某個特定對象，只願意給某人抱，拒絕其他人照顧，或是無法自己安穩睡覺，一放到嬰兒床就啼哭吵鬧。

　　倘若在嬰兒期，大腦就被制定成常態性的驚嚇和無助，那麼來到上學的年紀，孩子會表現出焦慮、類似過動、注意力無法集中等的行為問題。嬰兒若是長期遭受到暴力威脅，將來進小學以後，可能發展為學習障礙，或是行為異常，例如暴力行為。男孩的暴力，多訴諸行為暴力，像是經常在學校打人；女孩則訴諸情緒暴力，像是找同學麻煩，或是對同學情緒勒索，比方說「如果不和我玩，我就不和你當朋友」，或者「你明天要帶水果分我吃，不然我們就不是朋友」。

5-3 . 一～三歲幼童的創傷症狀表現

　　一至三歲的幼兒表達能力很有限，有的雖然已經會說話，但不足以將自己所經驗到的恐怖感覺充分訴諸語言，而且幼兒尚未有足夠能力對發生的事件產生意識上的記憶，更無法用語言記住事件的發生，可是他們的身體會記得，並且以肢體動作呈現相應的心理感受。也就是說，幼兒是以情緒狀態來記憶，身體會記得可怕事件發生時，內在的害怕、生氣等感受。當幼兒被創傷淹沒時，他們是用另一種方式與自己的創傷溝通，外顯出來的行為則是在「抗議與服從」、「抗議與放棄」之間轉換。他們的抗議行為包括發狂似的痛哭哀號、激動揮舞手腳打人，服從或放棄狀態則表現為經常發呆的關機狀態，或是傷心離開、退縮等。

　　我們幼兒園有一名三歲小男童，在家經常被媽媽修理，小腿上都可見被鞭打過的傷痕。他不時坐在教室裡發呆，陷入失神狀態。有一次，他又坐在安靜的教室裡發呆了好一陣子，忽然間開始討饒似的大喊大叫說「我沒有不乖我沒有不乖我沒有不乖」。失控的他完全停不下來，老師趕緊過去抱住他，疼惜的安撫了許久，小男童才逐漸平靜。

　　正如前面所述，這麼稚幼的孩子語言能力還很薄弱，所以大人必須格外仔細觀察他們的創傷症狀。這個年齡會出現的創傷症狀，常見的有膽小害怕、逃避行為、暴躁易怒、行為衝動、退縮、關機狀態、

各方面發展出現緩慢徵象、退化性行為（例如又必須包尿布、要求用奶瓶喝奶等）、突然改變原有的行為習慣、不明原因的哭泣、一哭就停不下來、睡眠失調、飲食失調、溝通問題。

什麼是溝通問題呢？比方說，堅持非得立刻做某事，如未能如願便哭鬧不休，完全無法溝通。有位小女童已經上床準備就寢，卻忽然起身說要畫畫，爸媽哄她先睡覺，這孩子不肯，開始吵鬧，而且越哭越大聲，爸爸的耐性被磨光，終於出手打她。從那天開始，小女童整整失眠了一個星期，每天鬧到清晨三、四點都睡不著。

四歲小男童被轉介到我的診所，主要原因是他的一些行為造成幼兒園老師困擾，也讓家長不知所措，已經到無法處理的程度。比如說，大人一而再的口頭制止小男童不恰當的行為，小男童非但不理會，反而變本加厲，好像是故意在挑釁大人的耐心。當他遇到不順心的狀況，例如積木無法組裝成功，還是電梯按鈕沒讓他按，他就瞬間抓狂；別人的回答不符合他的期待時，他也會有很大的情緒反應。他對某些事異常堅持，到了無法溝通的地步，例如，他堅持只穿自己喜歡的幾件衣服，即使已經冬天換季，他還是只願意穿夏天的特定幾件衣服。父母和他說話他都充耳不聞，玩弄著手上的東西停不下來，非要等到爸媽大發雷霆，他才肯罷手。小男童也有入睡困難的問題，他描述自己睡覺前腦袋還在不停的轉，根本停不下來。幼兒園老師說他每次開口講出第一個字的時候，必定會先大口喘氣，而且不停結巴。小男童看到任何花草就要摘下來揉爛再扔掉，看到小動物就要踩踏，老師想要擁抱他，他會全身僵硬

緊縮，或是背對老師拒絕擁抱。他和其他小朋友說話音量很大，而且情緒激動，所以同學都說他老愛對人噴口水。同學不小心碰觸到他的物品，他會大吼斥責。老師點蠟燭讓大家靜心，準備開始講故事的時候，他常會故意發出巨大噪音攪局。老師或同學想和他好好講話時，他反而嘻皮笑臉，顧左右而言他；別人認真提醒他時，他又會緊張的抓著自己的生殖器。

進入幼兒園一年了，小男童還無法認得自己的畫架位置，以及擺放書包的位置。有時翻箱倒櫃找東西，竟沒發現東西就在他眼前。他很討厭衣服或身體被弄濕的感覺，所以只要下雨天，就不願和大家一起出去晨間健走。他在室內的自由遊戲永遠千篇一律，只玩建築及工程車一類的遊戲，而且整天的話題都圍繞這類主題內容打轉。小男童這些看似很難處理的行為表現，其實都是創傷所導致。

這孩子的幼年期有二次比較大的創傷經驗，一次是一歲多到二歲前，爸爸認為他說謊，「做人不誠實」，所以把他關在房間裡罰站，希望他想清楚了再出來回答爸爸的話；另一次是他二歲半左右，有人在他的近距離處放煙火，小男童受到很大驚嚇，當場歇斯底里尖叫起來。這二次創傷讓幼小的他經歷了被遺棄的感覺，以及面臨死亡的驚恐，造成他創傷後的壓力反應，而產生以上所描述的種種行為。但是家中大人不了解，所以採用高壓手段試圖制止大人認為的不良行為，卻適得其反。直到孩子進入我們幼兒園，老師建議父母來找醫師諮商，我才有機會向他們說明其中原因。

5-3 .三～七歲幼童的創傷症狀表現

　　幼兒成長到三至七歲，處理創傷的機制變得更廣泛，所以孩子越大症狀越多，已經不再是過去那樣只能在抗議與放棄之間轉換。這時期孩子最常見的創傷症狀，就是內在有很多感覺無法處理，表現為極端的情緒和行為，比方說瞬間爆發情緒、非常焦慮、極度恐懼、暴怒不已、攻擊行為、過度誇張的抗議或自我主張。

　　關於過度誇張的抗議或自我主張，在幼兒身上十分多見。有位媽媽載小兄弟倆來幼兒園上學，因為當天突然下雨，媽媽先和哥哥共撐一把傘進學校，她把哥哥送到教室屋簷下，正要折回停車處接弟弟，哥哥卻堅持要和媽媽一起過去接弟弟。媽媽解釋一把傘無法同時遮三個人，哥哥不接受，開始大吵大鬧，無論如何就是要一起撐傘，鬧了許久還不肯罷休。媽媽被他的蠻勁絆住，遲遲無法去接弟弟，直到老師出來安撫，才終於協助媽媽脫身。

　　一個大班的孩子，父母已經離異，主要照顧者是外婆。外婆家是警察世家，管教孩子非常嚴厲。這孩子之前在其他幼兒園上學，因為老師照顧不了他的狀況，所以轉到我們幼兒園。一天早上，這孩子已經來到校門口，才發現自己忘了把換洗的衣物袋帶出門，他堅持一定要親自回家拿。媽媽在電話中向他保證外婆會幫忙送過來，這孩子說

什麼就是不聽，轉頭直接往校門口衝。老師攔住他，說他一個人回去路上危險，等一下會陪他一起走，他大鬧說不行，「我就是要現在——立刻——馬上——回家拿。」這孩子一面激動大喊，一面往外衝。他平日總是把「我就是要——」掛在嘴上，充分反映內在的固著狀態。

另一個例子也是一名幼兒園的孩子。這天，大夥兒正在公園晨間健走，忽然下起雨來。老師想幫這孩子把雨衣的帽子立起來戴好，他卻執拗的拒絕說不要。老師解釋說，把帽子戴好才不會淋雨，孩子反駁：「我就是不要，這樣很熱啦！你聽不懂喔，你白癡喔，智障喔！」說著說著，竟要打老師。老師附在他耳邊，用氣音小聲提醒：「你這麼大聲說話，我聽不見。」這孩子仍然繼續嘶吼，老師耐心地反覆低聲提醒他：「你這樣大聲說話，我聽不見。」這孩子吼了一會兒，忽然安靜下來問道：「你說什麼？你大聲一點，你大聲一點！」老師回答他：「我是說，我很愛你。」這孩子一時回不過神，羞赧地結巴說道：「你你你……你不要這樣講啦！」失控的情緒才緩和下來。

幼童的極端行為包括生氣或激動時丟玩具、打同學、打兄弟姊妹、搶奪他人物品、咬人、踹椅子等，這些極端情緒和行為，都在挑戰大人的忍耐力，也讓大人非常氣惱。但其實，幼童的種種問題行為是無助的徵兆，他們自己也不想要任由情緒暴走，亟需大人協助他們平靜下來。

創傷的孩子也可能表現出與極端行為完全相反的另一面，像是經

常處在關機狀態、過度害羞、從人群或遊戲中退縮出來、無法與同學互動。他們可能在忽然暴跳發狂和莫名悲傷哭泣的二種極端情緒之間來回擺盪。

還有一種常見的創傷現象，就是孩子不停問問題。有個孩子來到教室，老師請他把書包放下來，孩子問，為何要放下書包，揹著不行嗎？老師說，放下書包才能夠進行活動；孩子繼續追問，那書包為何要放櫃子裡，放其他地方不行嗎？吃水果時間，老師要孩子們洗手吃水果囉！這孩子問，為何要洗手，不能直接吃嗎？老師直接帶他去洗手，不回答他。切水果時，孩子又問了，為什麼要這樣切，為什麼不那樣切……像這樣，孩子沒完沒了的問個不停，似乎刻意在挑釁老師的耐心。

會這樣問不停的孩子，有可能是十分害怕令他苦惱或不安的問題發生，為了維持安全感，所以企圖掌控當下的所有狀況。

受創傷的孩子身體健康方面也是大小狀況不斷，例如消化問題（腹痛或便秘）、頭痛、發燒（未感染也發燒）、呼吸急促、經常疲倦、飲食失調、睡眠失調等等。

創傷的孩子經常被自己的創傷經驗卡住，所以會在遊戲中重複自己的創傷經驗。創傷經驗的遊戲表現特徵，就是缺乏想像力和變化、重複演出某個場景或主題。這種創傷式的遊戲類型，來自於絕望和自暴自棄，所以無法為孩子帶來遊戲的滿足感和深度呼吸。

　　除了以上的症狀表現，我們還常看到三至七歲孩子的創傷症狀，包括不由自主地抽搐（眼睛、臉或頭部抽搐）、經常做惡夢、出現退化性的行為（尿床、吸吮拇指、學小嬰兒說話、把自己弄得髒兮兮）。

Column：關於創傷式遊戲

　　在華德福幼兒園裡，一天當中有幾個固定時段的自由遊戲時間，對幼兒來說，這是非常重要的活動。自由遊戲可分為室內與戶外，室內自由遊戲時間是老師觀察孩子的最主要時間，因為孩子會透過不拘形式的遊戲，把自己生活中經驗到的開心、不愉快或傷痛等，一五一十呈現出來。早年，我們可以看到很多孩子全心投入在自由遊戲當中，充分發揮想像力，玩到小臉頰紅潤，這叫做「健康的自由遊戲」。但是最近幾年，已經很少看到孩子們在自由遊戲當中玩得盡興，因為他們很多都卡在自己的創傷裡。

　　我們在教室中提供許多天然材質的玩具，給園兒在自由遊戲使用。這些玩具可以讓孩子充分按照自己的想像力去發揮，和一般市面上的玩具不同，所以我們暱稱這些玩具為「寶貝」。布料做的是「布寶貝」，木頭做的是「木寶貝」，動物造型的是「動物寶貝」。

　　以下舉出幾則創傷式遊戲的案例，有助於讀者理解如何觀察孩子的行為表現。

　　一名五歲小男童每到室內自由遊戲時間，就會拿布寶貝來玩。但是他並非真的在遊戲，而是打它、甩它、揮它，一面念念有詞的咒罵：「你還哭，我打你喔，每次跟你講話你都不聽。」孩子如果總是這樣子玩遊戲，這就是「創傷式遊戲」，他把自己家中的經歷呈現在遊戲裡了。

另一名六歲小男童，每到室內的自由遊戲時間，就在教室裡來回踱步，雙手作勢要打自己的臉頰，有時甚至真的反覆打了幾下，嘴裡還發出嗡嗡嗡的聲音。他有時一手各拿一個木頭寶貝或動物寶貝，讓它們不停的互相撞擊。老師不解孩子為何有如此奇怪的舉動，直到有一次，老師坐在這孩子身邊縫製布寶貝，這孩子問説：「老師，為什麼耳朵會發出嗡嗡嗡的聲音，好奇怪喔！」老師問他是哪邊耳朵發出聲音，他説左邊，想了想又説，這聲音時有時無。老師追問，是不是撞到了？現在還不舒服嗎？他説，自從「叔叔」打他以後就變成這樣了。老師逐漸問出事情的來龍去脈，才知道這孩子每次只要不聽話，「叔叔」就會出手教訓他。孩子口中的「叔叔」，是媽媽改嫁後的丈夫。孩子的媽媽在教書，經常忙到凌晨還在備課或批改作業，早上起得晚，所以都是「叔叔」送孩子上幼兒園。每次「叔叔」動手教訓他的時候，媽媽還在睡覺，所以完全不知情。

這孩子經常向老師表達説，希望放學是媽媽或哥哥來接他，不想要「叔叔」接送，因為他覺得「叔叔」很兇，讓他非常害怕。

孩子親身經歷的家庭故事，往往在遊戲中被他們玩出來，特別是在華德福幼兒園的孩子，有充分的自由遊戲時間，我們才得以窺見孩子不同的面向。幼兒很難用語言表達自己的經歷，因此透過遊戲內容、肢體動作和行為表現，重現自己恐怖的經驗。

四歲十個月的小男童，原本自己玩得好好的，無意間聽到身旁的小朋友在閒聊，説到「我昨天去阿公家看電視」，這名小男童立刻發狂似的將這個同學推到牆上，高聲大罵説：「看什麼電視，再看電視我就打你！」看到這一幕，我們大概可以推測到這孩子在家發生了什麼事。

一名中班的男童，每次室內遊戲時間都只固定玩某幾個木頭寶貝。他的玩法很難不引起老師注意，因為他將幾個木頭寶貝排列好以後，就

坐著放空發呆，視線停留在遠處或其他小朋友的身上良久。可是當別人不小心碰到他的木頭寶貝時，他會勃然大怒，歇斯底里的發洩情緒。

一名大班的女童，每到自由遊戲時間就會拿好她的寶貝，然後要求一位同學扮演她，她則扮演自己的爸爸。她所扮演的爸爸會用一個木頭寶貝作勢在打線上遊戲，同學扮演的她來找爸爸玩，她模仿爸爸的口氣，不耐煩地回應說：「吼，你們自己玩啦！」小女童還會要求假扮她的同學，在被拒絕後要嚶嚶哭泣。

另一名三歲女童，自由遊戲時間總是一個人玩，很少加入其他小朋友的遊戲行列，有時寧可安靜地看著別人玩，也不願參與。老師偶爾邀請她一起加入，她顯得意興闌珊。她最常主導的一種遊戲，就是拿起木頭寶貝，想像成是一支手機，然後邊走路邊講手機：「我在上班，我正要去上班。」其他小朋友想要加入話題時，她會制止說：「噓，我正在開會，別吵我！」這孩子的父母工作很忙，所以她每次找父母總是被拒絕，她就在遊戲中重現家裡的場景，似乎以此間接控訴自己是個被忽略的孩子。

看了上述幾例創傷式遊戲以後，我們不難明白有創傷的孩子很難真正進入遊戲，而是被卡在自己的負面情緒裡循環不已。

5-5 .七～九歲兒童的創傷症狀表現

兒童的創傷症狀在進入學齡期以後會更加顯著，這是因為他們暴露於更大的智性壓力與學校的社會群體壓力之下。孩子為了達到學習目標與社會化，被迫承受更大的壓力。

七到九歲低年段孩子的創傷表現，開始與學習困難有關。例如，無法集中注意力，或出現解離狀態。這個年齡孩子的創傷，也會因為經常被自己的罪惡感或羞恥感強烈折磨，而引發憂鬱狀態，顯得鬱鬱寡歡或悲觀。學校一名國小一年級男童，永遠愁容滿面、眉頭深鎖，我從未在學校看他笑過。某天，我問他是否不喜歡來上學，憂鬱的他回答我說，他喜歡來上學，可是又很想要回家。我問他為什麼想回家呢？孩子的回答令人心疼，他說：「我來上學，家裡只剩媽媽和姊姊，媽媽常會打姊姊，我不想要姊姊經常被打。」被打的是姊姊，可是弟弟也受到創傷。

低年段孩子的創傷表現還包括非常好勝，樣樣都說自己最好，或學習計畫總是零零落落、無法完成學習任務、挫折容忍度極低；偏愛鬥爭，會攻擊他人或是自我攻擊；因為過度警戒，常常坐立不安，或是在課堂上滿場飛，講話講不停，擾亂上課秩序；出現病態的恐懼、憂鬱、垂頭喪氣、彎腰駝背；社會性退化，很難交到朋友；經常做出

危險行為，比如拿石頭砸別人的頭；肢體活動障礙，行動不靈活；不熱衷參與活動、經常感到疲憊、過度害羞；在課堂上恍神、做白日夢、呈現關機狀態。

5-6 .九～十四歲兒童的創傷症狀表現

　　孩子來到十二、三歲，已經跨入青春期前期，他們的資源比兒童期豐富，語言和認知能力進階，社會能力和道德感提高，這時出現的創傷症狀會與過去有所不同。因為具備一定的語言表達能力，所以會不斷用語言訴說自己痛苦的經歷，藉此方式重溫創傷。但是他們畢竟無法貼切的自我表達情緒和感受，難以用言語描述自己的恐懼和完全無助的感覺，因此表現出過度激動和混亂。什麼是「混亂」的表現呢？例如，常感到困惑、過度興奮、心神不寧、被不切實際的恐懼所困擾、課堂上直接趴在桌上睡著，也常表現出攻擊性、行為不一致的現象。

　　這時的孩子道德感已經提升，所以懂得為他人著想。當他們透過語言敘述，重溫自己的創傷經驗時，除了創傷事件的細節之外，還會關注自己在該事件中的角色；比方說，認為自己在事件發生時沒有盡到責任而感到自責。又為了保守這個自責感的秘密，令他們感到羞恥和煎熬。他們以為事件發生時，自己如果採取不同的行動，那麼可怕的事件就不會發生了。孩子這樣的罪惡感常會導致他們與家人、同儕疏離。

　　這個年齡的創傷經驗也會改變他們的視野，自認已經沒有可期待的未來，甚至根本沒有未來可言。少年M因為嚴重的偏差行為，被多所

學校拒收。他每次週末過後，就無法安靜待在課堂上，要他坐個幾分鐘都很困難，鬧到精疲力竭後，他會直接趴在課桌上一睡幾個鐘頭，一覺醒來，頻頻打斷課堂，對於老師所說的任何一句話，他都大肆評論，而這正是他用來控制課堂狀況的手段，其言行充分反映內在的混亂狀態。

少年M平日會挑釁、羞辱和欺負相對弱小的孩子。不在學校的時候，他常常沉溺於暴力型電玩遊戲；在學校時，則因為語言及肢體的攻擊性，非常引人側目。由少年M的例子不難看出，孩子年紀越大，創傷表現的行為越強烈，處理起來也更複雜。這個年紀的孩子其實也不想要父母為自己的問題擔心難過，但他們又無法自拔地陷入創傷。

5-7 . 十四歲以後青少年的創傷症狀表現

　　青少年期是個體尋求自主過程中的關鍵階段。前面說到，孩子自二歲左右，人生首度出現自主性，他的「自我」開始進入身體。這個二歲首度出現的自主性，持續發展到青少年期，應該要看到成果。在成長過程中，孩子會形成個體性，人際關係能力逐漸成熟，道德價值浮現，可是創傷經歷會破壞這一脆弱的過程，本該輕盈的青少年階段，可能變得過度早熟，而提前進入嚴峻的成年期。其實，如果能夠及早發現創傷的關鍵症狀，創傷症狀是很容易處理的。但倘若孩子受驚嚇後的創傷症狀被忽視，經過幾個星期、幾個月甚至幾年後，就會開始出現次級症狀。大多數情況下，初級症狀會在創傷事件後的四週左右出現，可是其他潛伏問題則會持續很多年，甚至數十年之後，在許多情況下，微不足道的小事也可能觸發出次級症狀。

　　根據研究，幼年期遭受暴力的青少年，有酒精成癮、藥物成癮、網路成癮的機率是同年齡孩子的三倍。女孩若有內在的創傷症狀（例如憂鬱、退縮、身心症），或外顯的創傷症狀（例如容易被激怒、防衛、發洩行為），會有較高的濫用藥物比例。雖然青少年的創傷症狀和成年人看似相似，但長期效應卻是不同的。青少年會透過創傷重演，再次經歷事件，並且盡全力逃避可能觸發痛苦的各種活動、想法、感受。如果無

法消除不愉快的記憶，他們就會盡可能讓自己變得情感麻痺。所以青少年容易將目光投向抽菸喝酒甚至毒品，躲進網路虛擬世界或是性活動，以及沈溺於從事危險活動帶來的快感，做為逃避創傷的機制。

這個階段的孩子更容易出現失眠、煩躁、焦慮、注意力不集中的問題。此外，暴飲暴食、性活動、音樂等，也會被他們用來做為消除痛苦記憶的手段。有的孩子可能透過自我傷害，例如割手腕，來減輕內心的痛苦並控制感覺。

這個年紀的孩子一旦出現創傷症狀不久，課業學習就會落後，並且出現反抗或挑戰行為，接下來缺課越來越多，或索性輟學、拒學。倘若過度警戒的能量累積到孩子無法承受的程度時，青少年會進入解離狀態，這是一種萬無一失的「身體故障保險機制」。因為解離能夠讓身體將可怕的經歷與日常現實區分開來，一旦痛苦的記憶進入意識，就會立刻被閃避掉，好像不存在似的，孩子即可藉此避免自己陷入瘋狂狀態。如果青少年持續性的解離是因為長期被依附對象虐待所導致，最後可能會引起解離性的認同問題與人格障礙。

受創傷的青少年有時會把外表偽裝得很平靜，但是我們必須謹記，他們在意識的表面下可能正處於高度警戒狀態，因此只要出現小小的刺激物，比方說聲音、氣味，甚至是可怕事件發生的季節再度降臨，都可能導致他們的感官、思想、感受決堤而氾濫成災。青少年常見的創傷症狀還包括關係突然變化、對於以前重要的關係忽然漠不關心、對於曾經

很珍視的重要嗜好忽然變得興趣缺缺、從社交退縮出來自我隔離、生活態度或外貌乃至課業表現發生劇烈變化、突然的情緒波動（像是憂鬱、躁鬱、自殺傾向、恐懼、強迫症狀等）、出現嚴重到危及生命的發洩行為、非常容易被激怒、攻擊他人、強烈報復心。我看到很多青少年的創傷後症狀已嚴重到需要精神科藥物介入，而不只是單純在教育和家庭生活層面做改變就會有效。

Chapter 6

個案討論

6-1. 個案討論 H 小弟弟　發展遲緩

　　H 小弟弟來我的診所就診時，不過二歲四個月大。他在教學醫院評估診斷為發展遲緩，包括認知發展、語言發展、知覺動作發展、社會情緒發展，皆為發展遲緩，從七個月大就開始接受職能治療。找我初診時，他仍持續接受職能治療、物理治療、語言治療及心理治療，每週共計六小時，外加音樂及繪畫課各一小時。H 媽向我強調，自己最關心的是孩子的情緒發展以及社會人際發展。

生命史摘要

● 胎兒期

　　H 小弟弟是媽媽未婚懷孕的孩子。H 媽本來並沒有打算結婚，意外懷孕讓她不知如何是好，幾經天人交戰，最後仍決定步入結婚禮堂，給未出世的孩子一個完整的家。然而，H 媽的心理以及生活條件各方面都尚未做好準備，所以孕期當中充滿擔憂和煩惱，情緒非常不穩定，經常難過哭泣，從懷孕到生產前，她持續每週一次尋求心理諮商協助。儘管做了這麼多的努力，孩子生下來沒多久，夫妻還是離婚了。H 小弟弟的主要照顧者是媽媽，但週末會與父親相聚二到三天。

● 零歲 ~ 一歲　嬰兒期

睡眠問題：孩子自從出生之後一直有睡眠問題，很難入睡。

飲食問題：孩子滿月後就拒絕母乳親餵，必須把母乳擠到奶瓶中餵食。二個月大之後常常哭著要喝奶，卻又喝很少。沒喝也哭，喝完也哭，很容易嘔吐溢奶。

常常愛哭：一歲以前常哭鬧，哭鬧起來不容易安撫。

一般性的生長不足：六個月大時，H 媽發現孩子的頸部肌力不足，無法將頭抬起。H 媽本身是醫護從業人員，所以孩子七個月大開始就持續接受職能治療。

親子依附關係失調：孩子與媽媽關係緊密，但時常對媽媽有較大的情緒發洩。在情感上不太依附父親，哭鬧的時候父親也不知如何安撫他。

● 一歲 ~ 二歲四個月　幼兒期

情緒狀態：孩子一歲三個月之後，比較常出現笑容，但還是容易哭鬧，盛怒時會發狂似的哀嚎，並且劇烈扭動全身，連大人也快要抱不住他，這種哭鬧情況會持續很久，直到崩潰後瞬間關機睡著。每每週末與父親相聚回來之後，情緒更加不穩定，因為父親不懂孩子有理解上的困難，所以常抱怨「跟他講那麼多次還不聽」，就會用手指彈孩子的臉，還會瞪他。

睡眠問題：仍然很難入睡，需要躺一個小時以上才睡著。

消化問題：吃飯又快又急，不太咀嚼食物，東西塞進嘴巴就囫圇吞下。有口臭。大便特別臭，裡面還有未完全消化的食物殘渣。一歲後就開始吃肉類等動物性蛋白質，尤其是週末與爸爸團聚時，餵他吃特別多的肉食與甲殼類海鮮。爸爸發現孩子有口臭，認定他是火氣大，所以每個週末都煮很多綠豆湯幫孩子降火氣。

語言發展：還處於牙牙學語期的狀態，會發出「嗚嗚、啊啊」的聲音，音量很小，沒有明確的口語表達，也無法發出單音，多用手勢比出他想要的東西。流口水情況嚴重，每天流口水大約會濕透三件上衣或圍兜。

感官覺知的發展：老師呼喚 H 小弟弟的名字時，他大多沒有回應，對老師的指令沒有反應，也無法依據指令去動作。小朋友推他，他仍沒反應。在觸覺發展方面，非常排斥別人幫他擦拭，包括擦嘴巴、擦鼻涕、處理大便；但是特別喜歡把自己放在沙坑裡面翻爬趴，感覺他在沙坑中很自在，尤其喜歡在草地上翻滾。沒有與他人的眼神對視。運動覺方面，身體協調能力大約只有十個月大的嬰兒程度，大肌肉發展遲緩，肌耐力不足，走小斜坡不到二趟就停下來坐著不走。小肌肉同樣發展遲緩。

● 給家長的建議

　　孩子二歲四個月時從其他幼兒園轉入我們學校，我以校醫身分給 H 媽幾項建議：

一、停止餵食動物性蛋白質、不吃麵包。三餐飲食皆為白米飯及非
　　寒涼性質的蔬菜、少量非寒性的水果，豆腐一週一次，持續到
　　三歲時，再看狀況調整飲食。

二、停止目前仍在進行的職能治療、語言治療、物理治療、心理治
　　療、繪畫和音樂課，讓孩子有充分的休息時間。

三、在家與孩子相處時，每天都要花一些時間抱著孩子唱搖籃曲，
　　並且講一些生活故事給孩子聽。

四、每天以溫水泡澡十五分鐘，藉此提供溫柔的觸覺刺激，並提升
　　體溫。實行一段期間後，若是能夠自然帶動孩子輕微的發燒就
　　更好。泡澡還可以重新整合身體的各個層次。

五、每天晚上七點必須上床睡覺，睡前用熱水袋幫孩子溫敷腹部。

六、不讓孩子看電視、用 3C，媽媽陪伴他的時候也不要看手機。

七、孩子生病時盡量採用自然療法。

　　同時我也跟幼兒園的老師討論，如何在學校的課程和生活中協助孩子發展，並且定期與家長約談。

進入華德福幼兒園之後的發展

● 入學二個月時

老師呼喚名字時，H 小弟弟有眼神回應，也會看著老師，對老師微笑。晨圈時，會主動走到老師身邊，用餐時間也懂得自動坐在自己的座位上等待。進食當中會稍做咀嚼，而不只是快速吞嚥。然而吃飯時仍是掉得滿桌飯菜，並且弄髒衣服。

小朋友會照顧他、陪伴他，而不會排斥他。在幼兒園的時候願意接受老師的引導，而不像在家裡常常對媽媽生氣噴口水。

● 入學三個月時

站著更換褲子時，抬起單腳，另一腳可以站得比較穩了。但平臥更換尿布時，無法自行抬起臀部。

吃飯時，掉落的飯粒減少了。週末與爸爸相聚時，仍然多吃肉類和海鮮。

與老師的互動增加，例如主動和老師擊掌。有時會進入遊戲區跟其他小朋友互動，時間約三十秒到一分鐘，大部分時間還是自己玩，有時會躺在桌子下面。

說「好」的次數變多，也開始會發出「嘛、嘛、嘛」的聲音。亂丟東西的時候，力氣變大了。

● 入學四個月時

肢體更有力氣。跑步行走時移動速度變快。從坐姿要站起時，已不

需要老師協助拉起，可以較快的自己起身站立。

吃飯時掉的飯粒更少了，並且會注意到掉落地上的飯粒，用拇指和食指撿起來。

老師唱再見歌時，他會主動參與，也會模仿一些手勢動作。與其他小朋友有肢體和表情互動，雖無言語，但可以感受到別人的存在。小朋友們都愛他，會牽著他一起行動。

可以在戶外單手拿著小輪胎持續行走十分鐘而不覺得吃力，一手痠了會自行更換另一隻手。身體挺直的姿態比之前進步許多。平臥包尿布時，可自行抬起腰臀部。在家已能夠坐馬桶如廁。

可發出更多單音字，例如「好、葡、家、拜」，但音量仍很小。之前說疊字的時候，兩個字的間隔時間需要五秒，現在則是間隔二至三秒。流口水的情況減少。

可以更清楚理解老師的指令，並且執行，例如老師說「H，不是那裡，是這裡」，他就會走回來。

大家聚在一起進行晨圈或結束圍圈的時候，他會主動過來聚在一起，手部的模仿動作增加，例如拍手、用手指圍圈圈。聽老師講故事的時候，臉上流露很開心的表情。

大便情況改善，已很少出現未完全消化的食物。但因為每到週末爸爸都餵他吃動物性蛋白質，所以週一排便的氣味總是特別酸臭。

清楚家裡日常生活的作息順序，聽到垃圾車播放音樂，會拿著垃圾袋出去。有更多模仿大人的行為，例如把散亂的衣物放入洗衣籃，電話響了要接電話。

● 入學七個月時

對於尿濕、褲子裡有大便等還沒有感覺。

有一天回外婆家，H 小弟弟將抽屜裡的藥全都翻了出來，把家人和客人的鞋散落得到處都是。H 媽生氣對兒子咆哮，H 小弟弟當下愣住不動，幾秒鐘後放聲大哭，媽媽知道自己用了不當的態度對待孩子，深感自責和難過。

● 入學八個月時

語言上可以連貫說出兩個字，例如不要、幫忙、老師、再見。情緒表達從過去總是低頭哭泣，進步到能夠以帶情緒的聲音和手勢來表達。

H 媽自述停止滑手機的習慣之後，與孩子相處時間變多，相處品質也更好，所以 H 媽說她願意繼續堅持下去。

● 入學九個月時

參與幼兒園晨間健走時，脫隊、越走越慢或分心停下腳步的情況已改善許多。可自行將鞋子妥善放在鞋櫃裡。流口水的情況顯著減少，並

且會自己拿手帕擦拭口水。

情感表達日益鮮明，開心時會擁抱同學，生氣時會推人，對不喜歡做的事會撇嘴或哭。

● 入學十個月時

講話音量變大，在學校或家裡都可以跟著大人逐字說出一句話，例如「老師 - 幫忙 - 裝飯」。

聽覺理解力進步許多，聽到前奏就知道是哪首歌曲。在吵雜的環境中聽到大人呼喚他的名字，會立刻轉頭看著大人。

這個月的某天從床上摔下來，終於第一次大聲喊出「媽媽」兩個字，媽媽感動得痛哭流涕。

● 入學十八個月時

肢體發展方面，會用正確的跑步姿勢前進，可以搬二個小輪胎行走斜坡十五分鐘，而且全程身體姿勢挺直。體力增強許多，媽媽接他放學時，他會要求媽媽帶他去豐樂公園走完一大圈，還可以定點玩十分鐘，也不會要媽媽抱。

生活自理能力大有進步，能夠自行更換衣服及尿布，也會將換下來的衣服翻正，並收入衣物袋裡，再放回櫃子。

與人互動及社交能力同樣進步許多，遊戲中遇到困難時，會主動找老師協助，而且說出「幫忙」兩個字，耐心等待老師前來協助。

對周遭環境的覺知提高，並且感到興趣，例如會觀察幼兒園內的季節桌，看到同學在畫畫，也會主動去拿紙和蠟筆來找老師。

語言進步方面，能夠主動說出一些以前不曾出現的詞語，例如睡覺、月亮、好痛……可以連續說出五個字的句子，例如「我要吃香蕉」。老師說故事的時候，他會跟隨老師的話語模仿複述。

● 入學二十四個月時

能順應情境正確說出相應的話語，例如，同學向他說再見時，他會回應「○○再見」。午餐時能清楚分辨自己是要盛湯，或是盛第二碗飯，並且明確說出「老師，請幫忙盛湯」、「老師，請幫忙盛第二碗」。晨圈活動時，可以全程跟隨動作並仿說字詞，記憶力及參與度皆進步許多。

懂得主動和同學打招呼及關注同學，知道每個同學的名字，包含新學期剛加入的同學。看到同學哭泣時，會去摸摸同學的頭安慰他。

會關注自己的物品，並清楚知道自己的物品擺放位置。

這個月出現特殊狀況，就是 H 媽又開始幫孩子安排課後課程，週一上認知課，週二上語言治療，週四有音樂治療，週五上繪畫課及游泳

課，結果孩子開始出現退化行為。本來已經很少流口水了，現在竟又發作，而且不把自己的衣褲整理到衣物袋裡，常常丟來丟去，散落一地。午休時一直發出聲音，很難入睡，還一直咬被子。精神常處於極度亢奮狀態，如廁能力退步。

由於課後課程的加入，打亂了孩子原本生活中的安全感以及秩序感，並且大量消耗體力。我和 H 媽討論，她說是因為看到孩子的語言能力以及體力各方面都增強許多，所以動了「貪念」，希望孩子可以學得快一點多一點，自以為多安排一些課程能夠加速孩子進步，沒想到適得其反。另一方面，H 媽也承認自己有逃避心態，因為害怕自己沒辦法把孩子帶好，所以花錢請專家來做，期待專家可以做得比自己更妥善。我們建議 H 媽把這些課程停掉，要對華德福教育有信心，這二年來孩子在華德福幼兒園的生活型態，以及母親、老師、醫師的共同努力之下，已經出現驚人的進步。

● 入學滿三年時

孩子能夠講出完整的句子，聲音更有元氣，發音較清楚，例如可以明白表達「○○老師，我要回家了，再見」、「昨天媽媽生我的氣」、「我要跟○老師去上課了」。

學習能力提升，能跟隨老師所教的念謠和手指謠，並且自己念誦，例如「星期一，猴子穿新衣；星期二，猴子肚子餓……」。畫作中可以畫出人物的五官。

願意挑戰新的事物,而且能夠整齊折放衣物。

以前對吃飽沒有感覺,吃了一碗還要一碗再一碗,現在身體的感知能力增強,知道自己吃飽了。很少尿濕,而且衣服濕了也有感覺。

案例解說

這是一個出生前創傷的案例,H 小弟弟還在母胎中已經受到母親的精神情緒壓力影響,一出生就出現飲食失調問題,對於攝取地球上的食物有困難,這代表孩子已有入世困難。雖然從七個月大就開始接受職能治療,但直到二歲四個月初次來我的門診時,他的語言能力仍在六個月嬰兒以下。按理說,二歲是幼兒的語言爆發期,但 H 小弟弟明顯語言遲緩,成為 H 媽最擔心的問題。

H 小弟弟非常瘦弱,身上僅有少量肌肉,而且摸起來軟趴趴,沒有肌肉張力可言,這樣無力的肌肉是不可能讓他發出聲音來的。大家可能會以為,孩子在成長過程中自然而然就學會講話,但其實孩子要會說話,除了需要有模仿對象之外,還必須具備一項很重要的條件,就是「足夠強壯且有彈性而靈活的肌肉」,這樣才能夠形塑聲音。孩子學說話得要有發出聲音所需的肌肉力量,大約相當於大人吹奏小喇叭的力道。身體四肢肌肉力量不足,也代表體內器官的肌肉力量是不夠的,所以要治療瘦弱孩子的發聲和語言障礙,首先要調整孩子的消化系統機能,讓他的肌肉強壯起來。不僅如此,孩子唯有行走和跑步的能力流暢,語言才

會跟著流暢。所以語言能力不只是語言，當孩子有語言障礙時，我們只教他仿說、看圖說話等是不夠的，還必須同時鍛煉孩子的肢體肌肉強度和速度。

此外，孩子因為在母胎所經歷的創傷壓力，損害了他內生性節奏與外因性節奏之間敏感的同步性，所以出現睡眠失調、身體沒有舒適感、靜不下來、全身虛弱。而體內各種內生性的節奏如果失去和諧，就會導致神經運動失調或肌張力失調，造成孩子的身體協調發展遲緩，即使是一歲八個月大的孩子，身體的協調能力只達到十個月大嬰兒的水準。所以為這些孩子建立規律的生活節奏，並且保有絕對充分的休息睡眠，是治療成效的關鍵要素。

H 小弟弟進入我們幼兒園之前，曾經在其他幼兒園上學，之前的老師關注在他的能力不足，造成孩子配合度不佳，甚至抗拒上學。進入我們幼兒園之後，班導師花了一些時間先跟孩子建立溫暖的信賴關係，而華德福幼兒園一整天的生活節奏，為孩子帶來內在節奏的秩序感以及安全感。這裡的全天活動內容全面性地滋養孩子的感官，包括觸覺、生命覺、自我運動覺、平衡覺，這些初階的身體感官都是高階感官能力（聽覺、語言覺、思想覺）的基礎。加上 H 媽對於老師和醫師的各種建議都非常努力配合執行，並按時給孩子服用中藥，調理消化功能並強健體魄，才能夠見到這麼好的成效。

生活節奏和飲食內容對孩子的影響極大，尤其是幼兒。來到豐樂幼

兒園之後，這孩子所有的能力都在持續進步中，但只要每次父親帶回去，哪怕只是出去吃個飯，再回來時，就會看到孩子的生活節奏被打亂的後果。例如，整理東西拖拖拉拉，經常發呆，健走回來就倒在大廳，似乎非常疲累，而且情緒變得不穩定，容易哭泣，甚至又開始尿濕或大便在褲子上。種種情況如果不是父母自己反覆的觀察驗證，一般家長是不會相信孩子如此敏感的。

　　我們以華德福幼兒教育幫助許多語言發展困難的幼兒，取得相當好的成效，但我們不能將其視為必然，因為只有在父母積極改變、老師具備專業加上醫療的支持三方面共同配合的努力之下，效果才會顯著。接下來我舉一個例子說明治療無效的原因，提供讀者對照。

6-2 . 個案討論 J 小弟弟　語言發展遲緩

J 小弟弟四歲九個月大的時候從其他幼兒園轉入我們豐樂幼兒園。他在教學醫院評估診斷為語言發展、知覺動作發展、社會情緒發展等發展遲緩，已持續接受語言治療、職能治療二年。

生命史摘要

● 健康狀況

J 小弟弟出生三個月開始發作異位性皮膚炎，面頰、唇周、頸部、四肢等處皮膚乾燥，紅腫脫屑，孩子頻繁搔抓皮膚，天熱流汗時症狀加重。手指尖常常發汗皰疹。三歲以後發作過敏性鼻炎，睡覺時鼻塞嚴重，需張口呼吸，時常鼻涕倒流，睡著時會流口水。感冒或吃到冰冷寒涼食物就發作氣喘。已有多顆蛀牙。胃口不好，食量小而且偏食。大約三日才排大便一次。體型很瘦小，肌肉量少而且肌張力低。多汗。尿濕不自知。

● 家庭狀況

孩子出生在一個大家庭，與父母、爺爺奶奶、叔公嬸婆同住，有一個姐姐。爺爺奶奶創業成功致富，爸爸是獨生子繼承家業，J 小弟弟身

為長孫，一出生就是家族眾所期待的未來家業繼承人。當 J 小弟弟被診斷為遲緩兒時，可以想見媽媽承受多麼重大的壓力。每次媽媽帶著 J 小弟弟來看診，總是會說到自己強勢的婆婆，家中大小事都聽命婆婆作主，她完全不能有自己的聲音，每每說到委屈時都泣不成聲。由於媽媽本身的情緒很不穩定，經常打罵或捏 J 小弟弟。

進入華德福幼兒園之後的發展

● 入學第一個月的教師觀察報告摘要

J 小弟弟轉學入豐樂幼兒園之後，老師們開始對他進行兒童觀察並每日記錄，以下是第一個月的觀察報告摘要。

意志的力量：工作或運動一下子就累，坐在地上不動，有時願意接受老師的鼓勵再堅持片刻。

情感表達：

- 遇到困難時，例如搬不動輪胎，老師請他完成，他會大哭、生氣。

- 開心的時候會誇張的拍手，並搖晃身體。

- 時常哭著要找媽媽。

- 被同學拒絕的時候會打同學、咬同學。

思考和語言表達：

- 遇到任何事，不管對象是誰，會在第一時間叫「媽媽」。

- 多以點頭、搖頭、用手指比出需求。語言上主要只發出「嗯、阿、喔」的聲音。

- 大多數時間無法意識到周遭正在發生什麼事，所以也無法給出適當的回應。

初階感官的觀察・觸覺失調：

- 缺少界限，例如，會直接進入他人的遊戲，倘若對方拒絕或不願意，他會用手抓人。

- 不適當的碰觸，例如同學迎面走過來，他會出手拍、推、打同學。

- 發洩的行為，生氣或慌張時會咬同學或者抓傷同學。

- 推輪胎時，對於濕的輪胎很介意，因為濕輪胎會沾黏地面的草和土。只要一沾到，他就要立刻洗輪胎，但是輪胎洗濕以後，更容易沾附草和土。自己的手碰到沙土或小屑屑就要立刻反覆洗手，但是尿濕或大便在褲子上，卻沒有感覺。

- 怕高，不願爬上一百公分左右高的石頭上，即使登上去，三秒鐘就要老師抱他下來。

初階感官的觀察・生命覺失調：

- 常分心無法專注，聽老師說話或唱唸謠時，眼睛看向別處。

- 對疼痛過度反應，輕輕碰撞或跌倒就哇哇大哭停不下來。

- 經常表現出緊張焦慮和恐懼情緒，例如，對於會動的生物，像是兔子、蚯蚓等，感到很害怕。

- 有消化系統問題，偏食、胃口不開。

- 累了不知道休息，口渴了不知道喝水。

初階感官的觀察・自我運動覺失調：

- 大小肌肉運動能力貧弱不協調，肢體活動能力與同年齡孩子落差較大，例如無法跳躍，膝蓋不會蹲低然後往上調，只會把腳尖墊高。

- 學習緩慢，對於新的動作或指令，例如從二十公分高的檯子往下跳，需反覆練習很多次才會做。

初階感官的觀察・平衡覺失調：

- 常常出現恐懼或沮喪的情緒，面對大人的善意提醒也會流露出驚恐的表情，甚至放聲大哭。

- 身體缺乏挺直的能量，時常彎腰駝背。

- 肌肉力量比較弱，也不太會控制力量，所以容易疲倦。

- 渴求快速與強烈的活動刺激，一有機會就在草坪上四處衝來衝去。

● 擬定與執行工作計劃

　　根據老師的兒童觀察結果擬定計劃，由固定一位老師每天早上帶 J 小弟弟在戶外活動一小時，活動內容主要為滋養觸覺、生命覺、運動覺、平衡覺等初階感官的活動（請參考《病是教養出來的・第三集》），持續執行三個月。這期間，孩子需要同時服用中藥調理消化功能及強健身體。要求家裡的大人不可以打罵他，並遵守規律作息。

　　二週後，孩子雖然還是以肢體動作表達為主，但明顯有較強烈的表達意願，也比較肯搬運重物。

　　三週後，可以說出較多種疊字的音，例如「抱抱」「跑跑」「弟弟」「哥哥」「妹妹」「爸爸」。第一時間叫「媽媽」求救兵的次數減少。學會倒退滾輪胎。

　　四週後，可以說出較多二個不同字音，但二個字之間會停頓兩秒，例如「輪…胎」「不…要」「兔…子」。

　　八週後，可以說出三個不同字音的詞，但每個字之間會停頓兩秒，例如「看…兔…子」「請…幫…忙」。老師請他做事的時候，如果不想做，他會明確回答「不要」，而不只是搖頭。比較少尿濕了。

　　十週後，可以說出四個不同的字音，前二個字和後二個字中間會停頓兩秒，例如「兔子…吃菜」「老師…幫忙」。

　　十二週後適逢農曆年假，家裡事情多，J 小弟弟又罹患感冒。開學後，他已經把之前每天進行的活動都忘記了，老師必須持續問四五次，

他才能夠回答。又過了二個月，媽媽懷孕，身體不舒服，所以很少帶 J 小弟弟來看診，家中的作息也開始陷入混亂狀態。他的語言表達之後就一直停留在二個字或三個字的程度，例如「老師幫」、「丟下去」。

案例解說

J 小弟弟出生後很快發作異位性皮膚炎，這表示他在母胎中感受到母親的情緒壓力，而帶著出生前的創傷（請參閱拙作《異位性皮膚炎：21 世紀流行病的真相與治療》）。過敏性鼻炎嚴重干擾他的睡眠品質，也影響他的體力。J 小弟弟還有氣喘的毛病，雖然只在感冒或吃冰冷食物時較容易發作，但氣喘的本質是在腎臟這個器官中儲存了恐懼與焦慮情緒，導致「腎不納氣」的呼吸狀態，這孩子的焦慮也表現在他常常做出咬人的行為。

語言的表達涉及多種身體和感官能力，其中很重要的能力是思想及「足夠強壯且有彈性而靈活的肌肉」。初階感官中的生命覺，是發展高階感官裡的思想覺的基礎；而初階感官中的自我運動覺，除了與大小肌肉運動能力及協調性有關，也是發展高階感官裡的語言覺的基礎。J 小弟弟的生命覺失調，自我運動覺發展貧弱，所以在語言發展上必定會遭遇困難。幸而幼兒具有很大的發展潛能，幼兒園老師每天與他進行一對一工作一小時，來滋養與強化他的初階感官，才不過三個月期間，已明顯看到 J 小弟弟在各方面能力都有進步。

　　然而，僅依賴學校對孩子的工作是遠遠不夠完整的，對於一個身體虛弱而且能力發展遲緩的孩子來說，啟動療效的關鍵點在於家庭氛圍裡的安全感，以及家庭生活中的規律作息。學校教育和醫師的治療必須奠定在這二大基礎之上，才能夠發揮作用。所以當 J 媽媽再度懷孕，而無法執行家中的規律作息，並且因為自己的情緒壓力常常打罵孩子，又沒有心力繼續帶孩子就醫治療，導致 J 小弟弟不僅在語言發展方面停止進步，其他的生活自理能力也都退化了。

　　J 小弟弟從我們的幼兒園畢業之後，進入體制內小學特教班，二年之後媽媽又帶他來找我。他的身體依然非常瘦弱，異位性皮膚炎與氣喘問題持續困擾著他，語言表達能力也停留在我們幼兒園老師跟他一對一工作時的程度。

6-3 . 個案討論 W 小弟弟　發展遲緩、 自閉及過動症

　　八歲的 W 小弟弟，因為申請入學華德福大地中小學而來找我看診。他在三歲時被診斷為發展遲緩，幾個月之後又被精神科醫師及復健科醫師分別診斷為具有自閉症特質及過動症。父母積極幫他物色一個適合的學習環境。

生命史摘要

● 零歲 ~ 二歲

　　W 媽媽產程順利，孩子在新生兒時期也一切正常。九個月之後有充分爬行，爬行能力佳且速度快，並未使用學步車。一歲三個月開始步行，學會跑步後也可以跑得又穩又快。二歲之前肢體活動能力發展正常。語言能力發展佳，一歲多時能用的詞彙量比同齡孩子多很多。

● 二歲 ~ 三歲

　　二足歲時罹患腸病毒，未服藥治療，幾天後症狀消失，但逐漸出現肌肉無力現象，走路的步態奇怪而扭曲，自己在玩的時候會突然發呆失

神。三個月後的某天，遊戲當中突然暈倒，急診就醫診斷為癲癇。在急診治療時，孩子拒絕打針，醫護人員趁他睡著之際進行抽血檢查，他驚醒之後語言能力退化，只能講幾個字。於是從二歲三個月開始持續服用抗癲癇藥物「帝拔癲」和「優閒」至八歲。

二歲半到三歲之間母親幫他安排一些幼兒課程，做為上幼兒園之前的準備，包含律動課、積木課、畫畫課。由於其學習狀況相較於同齡段孩子落後許多，家長於是帶孩子去醫院評估，診斷為發展遲緩，開始接受早療。

● 三歲～八歲

二歲三個月起持續服用抗癲癇藥物，但癲癇仍反覆發作。本來主要是失神性癲癇，但後來會發生突然倒地、牙關緊閉、喪失意識的大發作。隨著年齡增長，大發作次數遞減，但家長觀察到多年來孩子一直在二種狀況中轉換：一種狀況是情緒穩定、意識清楚；另一種狀況是脫離現實，例如他跟媽媽說「弟弟大便了」，但弟弟並沒有大便，或說「媽媽穿著嘔吐的衣服」，但其實媽媽的衣服很正常。這孩子每天都會在這二種狀況中轉換數次，而且父母觀察到天氣變冷時，孩子脫離現實的現象會更嚴重。

三歲至八歲期間持續做職能治療，五歲開始接受語言治療，家長認為治療的效果不顯著，孩子進步緩慢。

四歲多時因為無法配合安坐在診療椅上治療蛀牙，因此牙醫師決定改用開刀的方式進行治療。進手術房時，孩子不肯換手術服而抗爭哭鬧許久，最後醫護人員妥協，先幫他全身麻醉後再更衣。

五歲時父親被調派到國外工作，孩子跟著移居。在外國就學的過程頗多波折，入學後適應不良，當時的班導師形容孩子「常常不在自己的身體裡面」。一年後，學校評估孩子需在幼兒園大班重讀一年，並接受個別學習計劃。又經過一年，校方仍認為孩子尚未準備好就讀小學，於是孩子改為在家自學。自學數個月後，孩子越來越想念台灣，對於在國外的生活提不起勁，常常不願意外出。八歲的時候回到台灣。

進入華德福學校之後的發展

● 老師的兒童觀察摘要

意志的力量：常常呈現出很疲累的狀態，工作耐力不足。排斥搬重物。

情感的表達：面對陌生人顯得恐懼膽怯；與同學很少互動；與家人相處的時候情緒較激動，常常用力打媽媽或抓媽媽。

思考和語言能力：

- 體力好時理解力佳、思考清晰，老師甚至覺得他很聰明。但回答問題則需要較長的時間。

- 不太用語言表達自己的需要。常因為情緒起伏導致想法固著或糾結。

- 實務的智能方面較缺乏經驗和技巧。

- 說話有明顯痰聲，但無法有力的清痰。語言清晰度低，音量小而沙啞。

初階感官的觀察‧觸覺失調：

- 討厭剪頭髮或剪指甲。喜歡壓在家人身上，但逃避他人的碰觸，也很難接受老師的擁抱。

- 討厭濕濕黏黏的飯，不喜歡碰觸泥土。

- 閃避與他人眼神對視。

初階感官的觀察‧生命覺失調：

- 常常腹痛。很累了也不知道休息。午睡需要睡很久，很難喚醒他。

- 晚上不易入睡，入睡後常大哭驚醒，睡眠當中在整張床鋪到處移動，有時會用力踢腿。

- 常常黏著媽媽。面對陌生人的時候感到恐懼。

- 經常呈現非常疲累、全身軟癱無力的情況。

初階感官的觀察‧自我運動覺失調：

- 步行時腳呈內八，踮著腳尖走，身體微微向左傾斜。

- 跑步時身體向前傾，雙手未自然擺動。

- 可雙腳跳躍但無彈跳力量，右腳較難單腳跳。

- 丟沙包時手眼協調能力弱，動作混亂，手部很少上提超過肩膀，也很難往後舉。手指抓握力量弱，無法靈活使用工具。

- 參與工作的意願低。

初階感官的觀察・平衡覺失調：

- 身體缺乏挺直的力量，難以直立。

- 常常搖晃腦袋。總是在動，坐著站著時都動個不停。

- 對外在空間感知能力較弱，常常迷失方向。

- 容易跌倒或常常差一點跌倒。

健康問題：

- 早餐胃口不好。挑食，特別喜歡吃起司和肉。有口臭。喉嚨痰多。

- 未每日排便，且大便特別臭穢而黏。半夜會鼻塞醒來。易倦怠乏力。

- 開始中醫藥治療。

孩子的優點：

- 在學校時情緒穩定，可以溝通，樂於幫助他人。適應力佳，很快就能掌握學校工作流程及教室規則。

- 有幽默感，遇到困難時，老師加點幽默感就能協助化解困難。

● 入學二個月時

開始減少抗癲癇西藥的用量。體力狀況變好，身體協調性進步，運動時間加長，身體較能挺直。

對答回話的速度變快，開始有部分主動表達或要求，較能與他人眼神對視，也較能完成學校的工作。有意願幫忙班級事務，但自我動機較低，需要有人堅定陪伴才願意動作，否則就原地等待或停下來。孩子是聰明的，但只停留在思考的層面而不願意身體力行或嘗試。

在學校工作的力量增強許多，動作技巧變好，模仿和跟隨動作的能力提升，但持續力仍較弱。溝通更順暢，固著和糾結的狀態較少發生，即使發生也較容易放下。

在家中，突然關機失神的次數減少很多。長期以來每天在家都要突然關機失神五次以上，最近只在很累的時候才發生，一天最多一次。家長觀察到他的精氣神好很多，清醒程度也大有進步。胃口變好，但大便仍不正常。

● 入學六個月時

在學校時運動狀態佳，知道自己要做哪些項目並快速完成，可以接受新的挑戰。對學習內容表現高度興趣。積極主動協助教室內的例行工

作。

溝通更順暢，老師可以更輕易轉移他的固著和糾結。孩子變得開朗明亮許多。對新事物的接受速度加快，學跳繩之後相當有興趣，雖然身體彈性較弱，腳步沉重，仍願意積極練習。使用手指有困難，常常張開手指只用手掌工作；搬木頭時不抬起肩膀。

對國字的認讀有困難。可以區別一個國字由哪些部分或部首組成，但是合成一個字時卻認不出來。

在家時，已無突然關機失神的情況。整體體力較平均，也無非常疲累的情況了。口臭消失，大便黏和臭的情況明顯減輕。開始完全停用抗癲癇西藥。

● 入學八個月時

體力持續增加。手指較有力量，握筆姿勢更好並持續較久。念謠時能有意識地跟上手部動作。對自己的身體各部位較清楚。形線畫較能穩定執行到最後。與同學的互動更親密，也能自然接受老師的牽手和擁抱。優律思美一對一課程中，老師表示孩子的配合度和完成度明顯進步。

每次放假後再回校上課，孩子變得很容易累，在教室工作到一半就得彎著身體蹲下來，還會發呆許久，需要老師提醒才能回神。排便變得更臭。

停用抗癲癇西藥二個月，並未有任何發作。

● 入學十個月時

整體狀況和體力進步很多。參與課程的積極性更高，會自己在課前準備相關工具。控制自己身體的能力轉佳，但還是常常有腦袋想很多，身體卻無法配合的問題，讓孩子感到挫折。

● 入學一年時

跳繩可以連續正跳二十下，動作流暢彈性好，開始練習後跳。

思考更敏捷，很少有固著的思考，容易接受他人建議，也能流暢的轉換思考。但有時頭腦覺得事情很簡單，但身體的運作缺乏積極性。

對文字的整合已沒有問題，寫字筆跡更有力量，對複雜的國字也能控制筆畫。但抄寫時，無法同步看黑板並關照自己的工作本，所以字體會出現重疊或分得太開的情況。

回答問題迅速，說話幾乎沒有痰聲，語音清晰且音量正常。體力受長途旅行影響很大。

案例解說

W 男童在二歲以前是一個發展正常又聰明的孩子，就在二歲時感染腸病毒之後肌肉虛弱無力，開啟了一段錯誤的治療，才導致接下來

的學習困難。一般人身體微恙時，不管是感冒或腸胃炎，總是以為症狀消失就表示病已經痊癒，並不會想到病後還有身體虛弱的問題，需要加以補養。W 男童感染腸病毒之際，腸道經歷發炎及對抗病毒，還有病程中禁食等過程，即使症狀消失，仍需要適度服用調理胃腸的中草藥，以利腸道功能修復，但家長對病後的調養過程完全缺乏概念。

腸道和四肢同屬身體下端的新陳代謝系統，腸道功能受損時，四肢肌肉就會跟著虛弱無力，所以孩子的步態變得奇怪扭曲。而且因為感染腸病毒之後，身體內部產生淤滯，使得身體的上端組成（感知身和自我組織）無法穿透物質生命身，導致短暫失神無意識的現象，而單單此一症狀就被診斷為失神性癲癇，開始服用抗癲癇藥物「帝拔癲」和「優閒」。這二種藥物的副作用包括疲倦虛弱、無力感、嗜睡、緊張不安、易怒、注意力不集中、走路不穩、健忘、視覺改變等等。這些副作用就足以使孩子被診斷為發展遲緩，或造成真正的發展遲緩。W 男童在服用抗癲癇藥物的五年期間，常常全身癱軟無力，導致他錯失了在幼兒園時期應該透過各種身體活動來發展自我運動覺和平衡覺。又因為在急診時被強迫抽血的驚嚇，造成創傷性的焦慮，所以他的觸覺和生命覺都出現失調現象。

施泰納博士在治療教育第五講中提到：「如果你正在處理一個心智低弱的孩子，就必須讓他的新陳代謝四肢系統開始運動，因為這會刺激他的靈性實體（指的是身體的上端組成）……」心智低弱是指孩子的心魂和自我組織無法穿透其物質生命身，因而阻止他透過感官機體與周

圍的世界建立完整的關係，結果是物質身體笨拙沉重，感官與周圍世界聯繫遲鈍。W 男童轉入我們學校時，首要的就是班導師直接對孩子的運動覺工作，每天有計劃的安排各種運動，不僅增強孩子的肌耐力、體力、意志力，更重要的是透過身體活動促使體內原本的淤滯狀態鬆開並流動，這有利於身體的上端組成全面性貫穿物質生命身，帶來清晰的意識。我們看到孩子各方面都在持續進步中，約一年左右基本上已經可以正常學習了。

另外，家長對於學校的信任，以及全力配合導師的要求，調整家庭的生活節奏，改變孩子的飲食習慣，按時回診就醫等，更是療癒奏效的關鍵。

6-4 . 個案討論 G 小妹妹　選擇性緘默症

　　G 女童在幼兒園時期無法與同學正常互動，很難融入人群，從不跟老師說話，老師問她問題也從不回答。她對家人以外的人完全沒有眼神對視，但是在家裡跟爸媽和妹妹互動都很正常，也可以跟表姐妹表弟一起玩。六歲時到醫院身心科就診，診斷為選擇性緘默症；也就是說，孩子有正常說話的能力，但是在特定情況下就是說不出話。家長擔心孩子進入小學會無法適應和社交，所以申請進入華德福大地中小學就讀。

生命史摘要

　　這孩子是媽媽足月剖腹生產來到這個世界的。爸爸工作很忙，所以大部分時間都由媽媽一個人照顧，母乳親餵到三歲，跟媽媽分開時會嚴重哭鬧，一直到停餵母乳後，分離焦慮的現象才稍有改善。父親工作之餘，假日時間也喜歡跟孩子一起活動。G 女童四歲之前如廁都需要大人陪伴，很害怕聽到沖馬桶的水聲，並且時常哭泣，不能接受陌生人碰觸。五歲時常常感冒，有一次因斷續發燒超過七天，而住院治療三天。

　　爸媽都很關心孩子，但在教養孩子的界限和標準方面卻有著二極的差異。爸爸的要求很嚴厲，常責怪媽媽沒在管教孩子，無法接受孩子不能打不能罵，認為媽媽對孩子百依百順會把孩子寵壞。爸爸生氣時會摔東西捶牆壁罵媽媽，爸媽曾經在孩子面前發生爭執，使孩子受到極大的驚嚇。孩子哭鬧不停或「不乖」時，父母曾打她，但大多是用責罵的方式來糾正。G 女童有情緒的時候，會躲到房間裡摔東西罵媽媽壞，也經常對妹妹說妳壞壞。

● 就診

　　G 女童首次來我診所就診時，父母陪同一起來，孩子一直躲在媽媽身後，神情恐慌，只要媽媽跟我談到有關於她的事，她就用力捏媽媽和咬媽媽，也不願意讓我把脈。媽媽問她怎麼了，她也不說話。當天已跟孩子的爸媽約定絕不可再打孩子，也不要用責罵的方式來教導孩子。

　　二週後複診，期間爸媽較少對孩子發脾氣，所以孩子在家較有意願表達。孩子的神情看起來稍微放鬆，但仍躲在媽媽身後不願意說話，有時斜著眼睛偷看一下醫師。

● 入學之初

　　因申請入學而到校跟老師面談時，G 小妹妹緊抓著媽媽，不讓媽媽單獨進行新生入學測試活動。媽媽要求她配合測試時，她崩潰大哭，而且很用力的咬住媽媽，導致當天無法進行測試。

● 入學一個月時

從上學第一天開始，每天早上媽媽送 G 小妹妹到校門口時，她拉著媽媽不讓媽媽離開，大概要哭二小時才願意讓老師牽著她的手進教室，而且媽媽也要陪她進教室，然後在教室跟她道別，並且約定好中午吃飯以前就來接她回家，讓她慢慢適應學校的生活。進教室後，她不願坐在自己的位子，只肯站在窗戶旁邊上課。對於老師課堂進行的活動沒有理解上的困難，但是課間休息時間都一個人坐在教室裡。

● 入學三個月時

早上與媽媽分離的哭泣時間逐漸縮短，改由同學邀請並牽著她的手進教室。已經可以在學校待一整天。課間休息時間會走出教室站在走廊上，看著同學們在草坪上遊戲玩耍，但不會加入。

● 入學六個月時

早上跟媽媽道別時已不會難過哭泣了，也不需要同學邀請就自行進教室，並且坐在自己的位子。看到同學發生有趣的事情會自己偷偷地笑，也會模仿同學下課玩遊戲的動作。願意讓女同學幫她綁頭髮，回家會跟媽媽分享課堂上有趣的事和同學的事。但她只跟固定的二位女同學說話，不加入圍圈的活動，需要熟悉的女同學邀請才加入。

● 入學九個月時

已不抗拒上學，願意跟同學一起活動，在一對一優律思美課的時候可以愉快地參加活動，課間休息時間會走到草坪跟同學一起玩耍。在學校已無緊張焦慮的表現，但只要媽媽在的時候就會黏著媽媽而不願參與活動。在其他陌生環境中仍然很緊張，例如有一天去看牙醫，醫師拿出二個禮物讓她選擇，但是她無法開口講話，也無法用手去指出來（呈現創傷的凍結狀態），回到爸爸的車上開始大哭，說以後再也不要去這家牙科診所看診了。

● 後續發展

G 小妹妹的情緒隨著父母之間的關係緊張程度而起伏，雙親對於教養孩子的意見不一致時，她就呈現明顯的焦慮狀態。爸爸仍傾向於嚴厲管教，尤其是他認為孩子的情況已經好轉，因此應該加強對孩子的要求。當情況太嚴重時，班導師和校醫會跟爸媽約談，再次提醒他們。媽媽曾經跟老師坦白說，自己覺得要擁抱 G 小妹妹這樣的孩子很困難，但是擁抱她的妹妹就不會有問題。其實爸媽都很願意為孩子努力，只是個人的修行與內在成長真的不是一蹴可幾，所以我們要持續支持與協助願意努力的爸爸媽媽。

G 小妹妹入學二年之後，可以跟全班的女生講話和玩耍，連新轉入的學生她也可以聊。她曾經跟女同學說自己不喜歡和男生說話，但其實她有時也會跟男同學吵架，甚至敢跟陌生的男同學說話。

三年以來，只要是跟呼吸有關的活動，G 小妹妹都無法參與，例如

音樂課唱歌的時候,她不開口;大家吹笛子的時候她也不吹;念晨詩的時候,她同樣緊閉著嘴。但是小提琴課的課堂上,她可以跟著拉琴;參與戲劇演出時,她願意上台演出沒有台詞的角色。

案例解說

當感知身在身體的神經感官系統、心肺節律系統、新陳代謝四肢系統之中形成各種阻塞或卡住的現象時,會阻礙自我組織處理來自外界的印象,並轉換為相應的表達,因為「印象」與「表達」在心魂生命中的關係,就如同心肺節律系統裡的吸氣與呼氣的關係。現今的人們對這二種心魂能力往往無法保持平衡而偏向極端:一種極端,是外界印象帶來伴隨著心魂窒息危險的心魂哮喘(只吸不呼);另一種極端,則是心魂追求恣意的縱情發洩(只呼不吸)。「只吸不呼」的極端現象,就例如選擇性緘默症,在緊張焦慮恐慌的時候憋住氣無法呼出,而陷入快要窒息的狀態。講話是一種呼出並形塑空氣的過程,憋住空氣不呼出,當然就說不出話來。至於「只呼不吸」的極端現象,例如:孩子稍有不順心不如意,或稍微受刺激,就非常沮喪或狂怒,出現恣意發洩的行為,打罵別人、揚言要殺了某某人,或打自己的頭、臉,說自己很爛,乾脆死一死算了。所有的失調現象幾乎都與身體的中心欠缺維持平衡的力量有關,也就是無法在「縱情迎向世界」以及「與世界對立的孤獨痛苦」之間找到中間的平衡。

創傷會打亂大部分的生物節奏，發作為呼吸問題，例如說話障礙、氣喘；睡眠問題，例如入睡困難或醒不來。而極度的創傷會導致孩子無法說話。受創傷的孩子出現語言困難是十分常見的現象，因為驚嚇會改變呼吸和說話的動作功能張力，而導致語言阻礙。除了極端的選擇性緘默症之外，孩子在驚嚇之後也可能產生口吃，這是因為口中和嘴唇的空氣壓力增加了。上下唇打開的時候，其張力必須一致，當上下唇變得緊張而無法彈性的張開時，就會產生口吃。

說話的阻礙可以在三個層次表現出來：當我們自身與聲音連結的時候、當我們將思想與話語連結的時候、當我們跟其他人連結的時候。這些跟說話有關的獨特連結問題，可能因為各種不同的節奏失調而伴隨產生。呼吸節奏以及與他人互動的節奏都一樣會被打亂，例如，當我們失去所有的信任感和安全感時，當下受恐懼感的刺激引發節奏失調。緘默或口吃都是恐懼的有機表現，因為恐懼會使孩子處於壓力之中，他們的吸入變得很緊張，而呼出是堵住的，於是心魂和感受也在物質身體裡面逐漸產生壓力。這些孩子對於自己生命意圖的理解能力常常受阻礙，所以他們生命中的障礙不只限於講話的時候。重點是，我們不能只關注在症狀的治療，而必須找出孩子的語言功能在何時及何處會發生堵塞。例如，G 女童在陌生的環境會感到極度緊張害怕，或是在爸媽爭執的時候感到很恐慌，那麼我們就要去改善這些引起她內在不安的環境，才有可能讓孩子再度順暢的呼吸，消融語言堵塞的凍結現象。

施泰納博士說，短短長節奏的韻文可以釋放呼吸過程中的堵塞，G

女童在一對一優律思美課程中，會流露愉快的笑容，因為她在這樣的身體活動和節奏中，可以正常順暢的呼吸。華德福學校每天早上都要唸的晨詩及課程中的韻文、言說練習、戲劇練習，都有助於孩子克服語言失調的困難，尤其當聲音伴隨著姿態和動作的時候作用更好。

G 女童來到我們學校之後，因為整個環境所帶來的安全感，讓她與他人之間的連結阻礙逐漸消失，也得以重新建立對周遭世界的信任感，所以不再有融入群體的困難。但是我認為這整個療癒過程拉得有點長，原因之一是爸媽之間仍然時有爭執，孩子的情緒明顯跟著起伏，而且這孩子在有大人的環境中也顯得很緊繃，不開口講話。另一個原因就是爸爸認為孩子身體並沒有生病，所以不需要服藥治療。

很多人以為物質身體有病痛才算生病，但事實上，心理疾病是在身體器官淤滯或有滲漏現象之後才發生的，所以身體器官的弱化是心理疾病的前提和基礎。例如，肝臟器官淤滯，可能發生憂鬱現象或癲癇；腎臟器官的問題可能引起焦慮；肺臟器官硬化可能引發強迫症狀。如果有藥物介入治療，好比使用我在本書 Chapter10 談到的 Roseneisen/Graphit 這個療方，透過心肺節律系統溫暖組織，幫助孩子溶解呼吸堵塞的問題，G 小妹妹應該可以早日正常的回應周遭，也能夠從事唱歌這類需要透過呼吸來進行的活動。

Chapter 7

為什麼
華德福教育能奏效

7-1 . 大腦發展與創傷的關係

近幾十年來，電腦斷層、核磁共振造影以及各種大腦功能監測技術等神經影像學發展迅速，使得醫學界對於大腦活動有了更深入了解。人類大腦有三大基本組成，分別是大腦新皮質、大腦邊緣系統以及腦幹。

大腦新皮質：主要是負責高級功能的執行，例如語言、思考、自我控制力。當前主流教育的學習內容絕大部分依賴大腦新皮質的活動，所以大腦新皮質也稱為「思考腦」。

大腦邊緣系統：或稱中腦，主要是負責情緒和感受。大腦邊緣系統深處的杏仁核，會在我們經歷可怕事件時，引導中樞神經系統和自律神經系統觸發全系統警報，好讓我們在面對危險時進入高度警戒狀態，並編排我們的恐懼反應，所以大腦邊緣系統也稱為「感覺腦」。

腦幹：大腦中最古老的部分，又稱「感官腦」或「意志行動腦」，負責我們的好奇心和壓力經驗，在面對危機的瞬間採取「戰或逃」的行動反應。

大腦這三大組成的功能並非從小寶寶出生一開始就同時「上線」，它們的發展是有順序和時間性的，至少費時十四年才可能完全發育成熟。新生兒的大腦在神經影像學中唯一出現的亮點是腦幹，表示此處的功能是活躍的。新生兒成長到三個月大時，只有感官腦和小部分視覺與

聽覺皮質活動，換句話說，新生兒只動用大腦的一小部分，至於其他部分則必須透過與環境以及與他人互動的經歷，逐漸塑造而成。直到七歲左右，孩子的大腦邊緣系統功能開始增強；而大約到十四歲青春期，大腦新皮質的功能才逐漸成熟。不過，大腦的發育並非理所當然的進程，唯有當「感官腦」（腦幹）組織奠定穩固的基礎，才能夠發展出健全的「感覺腦」（邊緣系統）；有了健全的「感覺腦」做為基礎，將來才可能發展出複雜巧妙的「思考腦」（大腦新皮質）。發育成熟的大腦，由大腦新皮質負責大腦左半球的功能，它與邏輯推理思考、提前計劃、組織架構、掌握因果關係、理解、語言表達、同理心、衝動控制等能力有關。感官腦和感覺腦則負責大腦右半球的功能，它與好奇心、創造力、音樂藝術性、想像力、空間感、顏色與圖像能力等有關。唯有當大腦的所有部分都得到同等發展和參與時，大腦的運作方才達到最佳狀態，而華德福教育之所以能奏效，與此大有關係。

在創傷事件中，大腦參與最多的是掌管「戰或逃反應」的意志行動腦。因此我們必須認識到，在生命中最初的前幾年（零至七歲），如果因為創傷而導致意志行動腦改變，就會對更高階的學習和行為產生不良影響。而在邊緣腦發展時期（七至十四歲）所經歷的創傷，將導致邊緣系統的改變，同樣對將來的大腦學習功能造成負面影響。相比之下，大腦新皮質在創傷事件中是被關閉的，所以當下無法進行思考，而完全依賴意志行動腦的本能反應。當我們試圖理解創傷如何影響學習和行為時，必須謹記大腦新皮質在創傷事件中是被古老原始的腦幹所關閉。

大腦的三位一體與人體的三元性

華德福教育背後有深奧的靈性科學為基礎，並且基於對身心成長發展過程的確實理解，進而創建出複雜但有條理順序的實踐架構與細節，在此舉出其中一項與時間順序相關的能力開展加以說明。

人體的三元性把人體分為上端、中間、下端三個部分，身體上端的主要器官是頭部、腦部等中樞神經系統；身體中間區域的主要器官是心臟和肺臟等循環節律系統；身體下端的主要器官則是胃、腸、肝、腎等新陳代謝系統和四肢。上端頭部器官的特質與下端新陳代謝器官的特質是非常不同的，甚至可說是呈現兩極性的。下端新陳代謝系統裡的器官充滿生命力，例如肝臟，切除一半還可以再長回來，腸道內的黏膜細胞更新非常快速。反觀上端頭部裡的腦細胞和神經一旦損傷，就很難自行修復，例如腦血管阻塞或破裂所引起的中風癱瘓，經歷長時間治療和復健也很難百分之百復原。所以我們可以說上端頭部的特徵傾向於死亡，這與充滿再生能力的下端新陳代謝系統完全相反。而中間的心臟和肺臟是節奏性最強的器官，心臟從生命形成的最初就跳動不停歇，直到死亡那一刻，它不眠不休也不累的魔法，就是有節奏性的跳動。有節奏的活動讓人不感到疲乏，例如軍人在行軍時，倘若一起唱著軍歌、邁著有節奏的步伐行進，即使路途遙遠也不易疲累，但如果步伐散漫，很快就會感到疲累不堪。不但如此，心臟也是與我們的感受密切連結的器官。

零歲至七歲的孩子活在新陳代謝四肢系統裡，所以具有充滿生命

力的特質。他們喜歡透過四肢探索外在世界，同時認識自己的身體，也透過身體感官（主要是**觸覺、生命覺、自我運動覺、平衡覺**）感知外在世界，並形成內在的安全感。華德福幼兒園依照零歲至七歲孩子的身心特質，打造活動環境與安排課程，讓孩子們在大自然的環境裡充分工作與遊戲，鍛鍊身體的能力，使四肢變得靈巧，感官變得敏銳，意志力越來越堅強，並配合規律的生活節奏，強化孩子的腦幹功能。當感官腦的發展足夠健康和強壯，在面對危機時會採取必要的「戰或逃反應」，而不是僵住不動的創傷反應。

七歲至十四歲的孩子活在心肺節律系統中，華德福小學依照這個階段孩子的身心特質，所有的課程都以藝術性的方式進行，目的是滋養這個年齡段的孩子正在成熟的心肺器官，也要讓孩子對所學所知「有感覺」。「有感覺」這件事為什麼那麼重要呢？原因很多，主要原因之一是：我們只能記得自己有感覺的事物。譬如，常常旅行的人如果不刻意做記錄，一段時間之後再回想某次旅程，就只會記得當中特別「有感覺」的事，像是錯過飛機航班的緊張焦慮、搭錯車走錯地方的意外驚喜、品嘗新奇滋味的滿足感等。藝術性的教學法不是指提供各種藝術課程，而是連同所有主課程，包括數學、自然科學、語文課程等，全部採取藝術性的方式進行教學。以藝術性的方式教學，可培養七歲至十四歲孩子的感受力，同時促進大腦邊緣系統的健康發展。

孩子於零歲到十四歲期間所進行的感官、意志行動、感受等活動，是在奠定日後學術性學習的神經連結基礎。十四歲之後，大腦新皮質

的功能開始增強，所以華德福學校的課程直到這個階段才讓孩子真正進入抽象的推理思考，在此同時，教學內容與課程進行方式要讓大腦的所有組成部分（感官腦、感覺腦、思考腦三位一體）在任何時刻都是整體參與，以便大腦處於最佳的醒覺狀態，發揮良好功能。

現今的主流教育體系幾乎只關注學術，偏用左腦功能；而華德福教育更關注大腦的整體發展，也強調每個發展階段的右腦功能。施泰納博士指出，只要孩子的學習方式處於最佳醒覺狀態，那麼所有的學習和適應行為都變得可能。現今的大腦科學也證實了施泰納博士所言不虛，運用大腦右半球的感官覺知天賦，可源源不絕的長期供應學習能量，而不只是短期學習。

本書稍早前曾提到，有些孩子因為創傷經驗導致大腦處於過度警戒或警戒不足狀態，無法保持大腦的最佳醒覺狀態去參與、聆聽、處理外來資訊，造成學習困難。此外，當今「成果導向」的主流教育使得家長和學校老師都期待孩子在會爬之前就先會跑，「超齡學習」被視為驕傲，甚至相信「教越多、學越多越好」的神話。但家長們卻不知道，從幼兒園就開始讓孩子從事智性學習（或稱為學術型幼兒園），會促使孩子過於早熟，而且這種超齡學習的壓力最終會關閉大腦的最佳醒覺運作狀態。

許多老師分享他們的教學觀察，在小學三年級的學童身上已經看到這種現象。學習過程中必不可少的樂趣、好奇和求知欲，已經被太多的超齡學習破壞，讓孩子變得遲鈍。

7-2 .教育即療癒

　　華德福教學法是一種整體的教育方法，結合了科學和藝術性，自小學以上各年級，每天的課程安排大致如此：早上先進行晨圈活動，接著是九十分鐘的主課程時間，休息之後是副課程或藝術性的課程時間。這樣的安排，讓許多不了解的人誤以為華德福教育不過就是早上進行體制內課程，下午進行才藝課罷了，這真是天大的誤解啊！

　　華德福教育的每一門課程都是圍繞著孩子的發展需求精心交織而成，用來支持各年齡段學生不同的特質和所處的狀態，而不只是一個有待完成的項目清單或教學進度。每個孩子接觸到的一系列課程主題都與其認知、情感、身體和精神成長密切相關，而且每一門課程都是對其他課程的必要補充，就像一件緊密編織的連續織物一樣，是不可分割的整體，這就是華德福課程的奇蹟和智慧。

　　創傷始終伴隨著因驚嚇所導致的凍結僵化，許多創傷孩子的身體和心魂都是緊繃、僵硬凍結的，就像日本俗語說的「驚嚇棲息在四肢裡」。生命力和情緒能量的凍結會導致發展遲緩和學習困難，因此創傷造成的堵塞必須要在症狀演變成慢性之前被釋放掉。反過來說，大部分有發展失調或障礙的孩子在童年早期都曾經歷某些創傷，使得孩子的「自我」對於掌控身體以及整合調節身體的功能發生困難，而當

孩子自我覺察力不足時，就暴露在「被持續而過度的感官刺激淹沒」的危險之中。那些被稱為「智力不足」的孩子，他們的「自我經驗」顯著弱化，因為貶抑自我印象和自我價值而缺乏自信，這樣的孩子通常無法了解自己的生命目標何在，也無法再經驗自我效能[*]。

　　施泰納博士創建華德福教育，從來都不是為了創辦菁英學校，他想做的是為所有的兒童和青少年導入一種新的教育藝術，讓孩子可以真正發展為「人」，得到整體而全面性的開展，並且協助孩子找到自己的天命，進而實踐天命。不僅如此，這種教育方式也為正在生命困境和障礙之中掙扎的孩子，提供一條療癒途徑，也就是「教育即療癒」。以下舉出華德福學校的某些課程為例加以說明。

繪畫和泥塑課

　　受害者要克服創傷，就必須說出他們所經驗到的不舒服，或是用其他方式表達出來。正確地說，「表達」等同將自己的經驗、感受、想法「向外推出去」，而與自己產生一定距離。把自己的創傷「說」出來，

---

[*] self-efficacy，是指個人對自己能力水準的評估，它與個人擁有的技能無關，完全是出於個人的自我判斷，也就是對自己所擁有能力的信念。高度自我效能的人，會將困難當作挑戰和磨練，面對失敗也會敦促自己更加努力，這樣的觀點可以促進個人成就，減低壓力和壞情緒。反觀低度自我效能的人，面對困難會首先懷疑自己的能力，找出各種可能的負面結果，傾向直接放棄，而非尋求克服的方法，所以容易感到壓力、無力感與沮喪。

是溶解和再度整合經驗的一部分工作，然而受創者，尤其是孩子，常常無法「說」出他們的創傷經驗，因此讓他們用繪畫或書寫的方式來表達感受、想法、記憶、恐懼、擔憂。當孩子把自己的經驗畫在紙上，這些畫就像日記一樣記錄著他們的故事。孩子的畫讓我們得以深入理解其內心世界及周圍環境，而且反映了他們的需求和痛苦。所以繪畫是孩子能夠用來表達創傷經驗的一種非語言方式，不需訴諸話語而達到接受創傷經驗並與之和解的效用。濕水彩尤其適合用來療癒和轉化已僵化凍結的創傷。

捏塑（蜂蜜蠟塑形或泥塑）可以幫助孩子經驗自我效能，並且克服因創傷而日漸累積的無能為力感。捏塑過程還有助於處理「解離」狀況，尤其是形塑圓球形狀時，能夠協助創傷受害者再度找到自己的中心。

戲劇課

戲劇是另一種不必直接口語說出創傷經驗的表達方式，戲劇中假扮或杜撰的部分是一種掩護，對於創傷受害者來說，可以盡情表達自己的想法、感受和恐懼，而無須害怕或忌憚。戲劇中的各種角色扮演需要行動和身體活動，這有助於克服無助感，並且溶解創傷所帶來的內在僵化。戲劇遊戲、角色扮演和布偶戲對於溶解內在的掙扎有很大助益，並且讓創傷受害者得以再次經驗自我效能。各種形式的創造性藝術活動都可以提供不同的管道，讓創傷者表達他們曾經歷的那些不可思議的驚

嚇，所以說，藝術就是療癒！

音樂課

創傷會干擾大腦左右半球之間的連結，對個體造成全身性的不良影響，而透過音樂性的節奏活動，特別有助於大腦左右半球再度連結與協調。例如歌唱、舞蹈、樂器練習等活動，不僅能促進左右大腦的協調與連結，也因為活動中帶來深度愉悅的感受，整體提升身體的免疫功能，強化免疫作用預防感染。音樂活動還能夠幫助孩子揭開他們隱藏的感受，並透過唱歌和彈奏音樂溶解情緒堵塞。所以音樂活動應成為生活中的一部分，而不只是為了學習某個技能而已。

說故事

說故事是另一種已被證實有效的緊急教育工具。孩子經歷的恐怖經驗印象，會深深烙印在身體記憶之中，我們必須用滋養的圖像來取代那些恐怖經驗的印象，而民間故事和童話故事正好可以提供這種治療性的滋養圖像。童話故事裡的英雄，在完成一項任務或冒險後，內在力量得到成長，變得更堅強。受創傷的孩子聽到這些故事，對故事中的英雄認同會幫助他們溶解自己內在的創傷。

手工課

透過雙手一同工作，以及過程中不時進行身體水平中線與垂直中線的交叉活動，可以促進大腦左右兩個半球之間的神經傳遞。從事手工製作時，雙手必須共同作業，以便將身體的兩側和大腦的兩個半球功能結合在一起運作，無論是棒針編織、鉤針編織、刺繡或縫紉等，都可以建立並加強至關重要的新感知和認知之間的連結。此外，手工活動還能夠促進流暢的眼動追蹤和視覺認知模式，發展手眼協調能力和精細的手指運動。

不但如此，做手工需要聚精會神的專注力，還得要有毅力支持，加上有序的計劃和對細節的關注力。

創傷者受到傷害以後，對周遭世界失去興趣，對周圍的人完全喪失信任，因此與外界切斷關係。他們尋求復原過程中的一項重要課題，就是重新與周圍世界建立連結，而手工傳遞了一種強有力的、隱含的信息，也就是「與環境的相互聯繫和依賴」。從事手工的過程中，會不斷與天然材料密切接觸，例如區分羊毛和棉花，這些都可以提高觀察技能和感知能力，培養直覺和親密的歸屬感。

此外，每一位工匠都是將自己緊密地融入歷史和社會結構中，透過手工製作美麗或實用的物品，來為他人的福祉做出貢獻，等同是把工藝與歷史文化聯繫起來。當孩子們了解到從事手工這種實用藝術的意義，並且與自己信任和欽佩的大人一起工作時，他們會感到自我效能而充滿活力。關於這點，英格蘭 Hiram 信託公司的研究，為我們說明了培

訓高犯罪風險的青少年從事傳統工藝的價值。該研究發現，持續專注以及立即呈現的成果，能夠讓學生了解什麼是更可靠的決定，間接願意選擇更好的生活，這已經超越了工藝本身的直接性，間接擴展到看似無關的領域。

從事物質工藝時需要不斷自我修正，這是立即且具體的成果。而持續的專注和等待後的滿足感，則與衝動控制息息相關。做手工必須遵循「固有法制」*，從中自然學習到衝動控制。衝動控制和滿足感的等待，又密切關乎孩子日後的學業成就。

為一項作品選擇合適的材料與固有法制，會帶給我們在物質世界的安全感、歸屬感和效能感。施泰納博士認為，在童年時期以這種實用的方式去理解何謂合適和適當的經驗，在往後的生活中轉化為對真實和道德的理解，並且努力做出有原則與符合道德的決定。

除了物質的實用因素，許多現代研究更不斷揭開做手工的奇蹟和智慧。除了促進大腦發育、與周遭環境整合、滿足實用主義和提升自尊之外，做手工還有另一個維度的意義。從事專注的創造性活動，如編織、縫紉或紡紗時，會進入一種平靜與專注的狀態，因而找到內心的祥和安寧，這是一種很好的減壓方法，甚至可以做為未來冥想練習的前導或初期形式。

---

* 做手工必須遵循一定的步驟順序和方法，才能夠完成美好成品，並非想怎麼做就可以隨意怎麼做，這就是固有法制。

手工結合實用性和藝術性，以質感、色彩和形式美滋養心靈，不僅讓學生為學業做好準備，更是為將來從事有意義的工作，以及在社會中找到自己獨特的位置做好準備。

遊戲課、體操課

一般而言，孩子是透過遊戲來累積自己的經驗，所以他們的遊戲傾向於創造性與開展性。但是創傷會逐漸削弱孩子與生俱來的遊戲驅動力，導致有些孩子完全停止遊戲玩耍，有些孩子則是在創傷式的遊戲中重現尚未化解的創傷經驗。創傷式的遊戲沒有創造性或開展性，就只是猶如一種記憶回溯，讓這些孩子在遊戲中被迫重新製造創傷。這樣的遊戲無法累積新的生命經驗，只是在不斷重演創傷。這時的孩子需要大人陪伴，鼓勵他們去遊戲，並且將孩子從創傷式的遊戲中引導出來。

讓孩子從事一些運動練習，把身體動起來，是治療教育的關鍵活動。任何需要運動身體的活動都可以幫助孩子溶解內在的堵塞，只要身體動起來，就能夠帶動呼吸和心臟節律，尤其是具有節奏性的運動，發揮的助益更大，舉凡步行、跑步、舞蹈、雜耍球、踩高蹺、盪鞦韆、搖搖馬、跳繩、跳躍、獨輪車等皆屬之。就像我們有節奏的輕輕搖晃哭泣的嬰兒來安撫他們，盪鞦韆和搖搖馬也可以幫助幼兒克服因創傷所引起的運動覺失調。跳繩同樣是能夠支持創傷療癒的運動，因為擺盪中的繩子是一種威脅的象徵，一旦孩子可以跳進繩子裡，就彷彿自己經歷了從

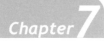

危機中成功逃脫的經驗，而且跳躍動作也有助於減輕恐懼感。如果孩子太害怕繩子，那麼不用繩子，只需做出跳躍的假動作，也會得到類似的成就感。

從事有節奏的運動通常會讓人們感到愉快，愉快的時光可以促進機體做好療癒的準備。匹茲堡大學醫學中心（University of Pittsburgh Health）的一項研究顯示，壓力程度與罹患感冒的程度有關，而壓力、憤怒、怨恨、負面記憶等會引發心臟節律混亂，即使只發生短短數分鐘，都可能弱化免疫系統達六小時之久。身體經歷壓力之後，黏膜所產生的免疫球蛋白 A（IgA）會顯著降低，導致機體的復原力變差，所以創傷受害者遭到感染的風險大為提高。相反的，歡樂、愉悅、熱情、正向經驗等則會促進心律的連貫性，強化免疫球蛋白 A 的製造，進而大幅提升復原力。所以說，愉悅的心情可以刺激自我療癒力。

另外，以手部進行的遊戲，例如手指遊戲、手指謠、翻繩遊戲等，都可以做為療癒創傷的支持活動。玩翻繩遊戲時，雙手必須同時參與，並且頻繁的左右互相交叉，以便做出特定造形，這些動作都能夠促進曾經受創傷的左右大腦半球之間的連結，同時活潑十指之間的互動，促進空間感和手眼協調，而這些全是所有學習的基礎。

孩子除了單獨進行愉快的遊戲探索之外，團體遊戲也有益於復原力，這是因為肢體活動可以幫助釋放驚嚇時所凍結的能量，而且許多團體遊戲都和「戰或逃反應」有關，特別有助於釋放阻塞的能量。

高年級的孩子對某些遊戲已經不感興趣，或覺得遊戲很幼稚，所以華德福學校提供高年級孩子體操課，讓他們更有技巧的使用自己的身體。施泰納博士談到「手工是體操的縮影」，手工教導精緻細膩的動作，當中融合了形式和功能，精細塑造物質世界。而體操活動則是讓我們在空間中選擇、創建和製作自己的身體型態。簡而言之，我們在手工當中學會了征服世界，並製作實用的物品；從體操當中，學習如何在世界裡「穿上個人的空間」。個人空間形成了一個安全範圍，為我們帶來安全感，可以自我保護，免於受他人欺凌。

自然散步課、登山

當我們走路或跑步的時候，步伐速度與脈搏速度會逐漸形成一比一的比例，也就是心跳和步伐同時發生，這種和諧的一致性對於孩子來說特別重要！前面已多次談到創傷會干擾左右大腦半球之間的連結合作關係，而僅僅是單純有節奏的步行就可以為左右大腦功能的同步性帶來非常深遠而持續的益處。

華德福學校從小學一年級就開始定期登山，最初先走近郊的小山或森林步道，中高年級挑戰登百岳。當人們置身綠色的大自然裡，血壓、心率、肌肉緊張度、壓力荷爾蒙的水平都更趨近正常，憤怒和攻擊性降低，情緒狀態隨之改善。何況再沒有什麼比大自然環境更能夠刺激右腦，並與之產生共鳴。

登山不僅是個人意志力的考驗，也是極佳的團體活動訓練，尤其攀登百岳，不是隊員想停下腳步就可以擅自喊停，若不遵循團體行動，很可能自陷於險境之中，所以同學之間的互相支援與保護格外重要。我們學校曾有一名國中二年級男學生，小時候的創傷經驗造成他在行為上比較衝動，常常挑釁或捉弄班上幾位看起來「文弱」的男同學。有一次，他們全班去登百岳，來回要一個星期。這男孩一進入山裡就往前衝，沒料到第一天即發作高山症，整個人病懨懨。接下來的六天，那幾位平日受他欺凌的孩子有的幫他背登山包，有的幫忙照顧他的飲食，有的在路途中陪伴他。登山行程結束回到學校以後，這位男學生的言行大為改變，不再挑釁攻擊同學，還跟那幾位照顧他的同學成為好朋友。

圍圈活動

華德福學校裡的許多活動都讓孩子們圍成圓圈進行，例如晨圈、優律思美、舞蹈、低年級的外語課、音樂課……為什麼是「圓形」呢？因為「圓」的形狀對於孩子個體以及他們所形成的團體都具有和諧作用。圍成圓圈進行活動，可以促進因創傷而弱化的自我經驗，透過自我經驗的成長，提升孩子的自尊和自信，這就是施泰納博士所說，「當我們感受到一個圓圈的時候，我們就感覺到了自我」。人類身為具有感官覺知的機體，當我們看到一個圓圈，甚至只是圓圈的其中一段時，就會感覺到自我意識在心魂中升起，並且激發我們的自主感。

幼兒的繪畫技巧與他們的心理發展狀態有關，三歲孩子在紙上首次畫出圓的形狀時，也是他們開始用「我」這個字來稱呼自己的時候，他們從此懂得說「我要做⋯」「我不要⋯」。他們從一歲多開始胡亂塗鴉，逐漸在三歲左右畫出一個封閉的圓形，圓就象徵了一個「完整的人」。圓形可以促進自我覺察、自我經驗和自主感，這三者都位於意識層次中，並且可能因為創傷經驗而受到嚴重損傷，透過圓圈活動可以為創傷受害者帶來受保護及安全的感受，用來對抗退縮和孤立傾向。

在圓圈遊戲中突然轉變行進方向，特別適用於釋放情緒能量及建構生命力，並且滋養孩子的生命節奏，進而促進療癒。在優律思美、形線畫裡都有改變方向的活動，特別能夠強化生命力。

晨圈和土風舞反映了宇宙行星的移動和太陽行經黃道帶的隊伍，圓圈活動傳達了內在的平靜、和諧及信任，也代表了人類、社會和宇宙關係之間的秩序，而這些秩序已遭到創傷破壞。因此，圍圈活動除了促進自我經驗和自我覺察之外，也有助於重建社群成員彼此的支持。

圓形和球體在所有的文化當中都扮演著很重要的教育任務，它們出現在民間故事裡（金球、水晶球），或是季節的象徵物（聖誕樹的裝飾品），也出現在遊戲和舞蹈中，或是做為玩具（球、指環、雪球、玻璃彈珠、肥皂泡泡等）。許多活動都是基於球形或其陰影，也就是圓形來進行的，例如，我們走路的時候自然擺動臂膀即呈現圓弧形。圓形活動看起來像是隨機的行為，其實不然。事實上，圓形活動是由心理動作能

力 * 所啟動的。我們可以在圓圈的形狀裡感覺到「自我」，所以在空間中經驗球形或在平面中經驗圓形，就表示我們正經驗「自我」。

優律思美課

創傷的孩子通常無法好好的入世，施泰納博士描述優律思美是「心魂的體操」，可以促進心魂的流動，並且強化身體和心靈之間的連結，所以優律思美特別適用於協助克服創傷所導致的身體不同層次組成之間的鬆脫。

當我們說話時，身體是在執行有節奏的成形移動過程，而這種有節奏又有形的移動過程會被創傷所打亂。施泰納博士說，「當我們想要講出某個字，而必須形塑其聲音時，我們會從口腔把空氣擠壓出來，使空氣形成某種形狀。我們從事優律思美時，就是在模仿說話時所形塑的空氣形狀。我們說話形塑的空氣形狀是肉眼看不見的，但是優律思美透過肢體動作，將這種看不見的空氣形狀呈現出來，使其變得可見。」

優律思美是「可見的語言」和「表達的姿態」，可以溶化創傷所造成的凍結狀態，並且釋放痙攣和阻塞，使孩子的心靈完全進入身體，並

---

* psychomotor，心理動作能力乃是由心理歷程（連同大腦活動在內）支配的動作能力，也包括手部靈活度（如動作協調、準確性、速度等）。但有些還涉及手臂或足部的大肌肉動作。Fleishman（1954、1964、1975）長期研究心理動作能力，認為其包括不下十一種個別元素，例如手部靈活、手指靈巧、穩定性、速度、四肢協調、準確性、彈性、平衡度等。

且再度主控身體。

優律思美課程當中,會用木球或銅球在圍圈活動裡做有節奏的練習,這可以協助創傷的孩子再度找到自我的中心,並且重新以和諧的方式經驗自我。

Chapter 8

孩子的創傷對父母而言
是很大的挑戰

8-1.學習越困難，補習補越多！？

以筆者所見，父母對孩子的學習成效不彰通常很在意，更正確地說，是很擔憂，因為大部分家長的觀念仍停留在：學習成績不好就考不上好學校，將來找工作有困難，找不到好工作要如何養活自己呢？家長一連串對未來的擔憂，使得他們忽略了孩子眼前遭遇的困難，以及迫切需要被關注和支持的需求。最常見的是，當家長發現孩子在學校遭遇學習困難，甚至被老師告知孩子有學習障礙時，他們會感到不知所措，不明白看起來十分正常的孩子為什麼會出現學習障礙。家長首先想到的通常是找家教，加強孩子學不好的科目，或是上補習班，做好課後補強，誤以為孩子聽一遍不懂，多聽幾遍總該學得會吧！

但是家長並不知道，創傷的孩子無論上多少課，他們在課堂中常常很難專注，也無法好好聆聽。而且孩子在學校上了一整天課，已經非常疲累，如果放學後還要補習、上加強班，忙到晚上十點以後才能夠上床睡覺，缺乏足夠睡眠，前一天的疲勞未能消除，第二天到學校精神萎靡，更加無法專注上課學習。

我進入小學課堂進行兒童觀察，發現有創傷經驗的孩子都特別容易疲倦，經常在主課程結束的下一堂課就完全虛脫，整個人趴在桌上，又無法真的睡著，處在當機狀態，不能夠參與課堂上的活動。

　　所以我們首先要幫助父母釐清，他們的孩子究竟發生什麼事才導致學習困難。大多數家長都不是教育或心理學專業人士，所以很難理解孩子為何發生這樣的變化或遭遇如此困難。學習心理教育學來幫助自己理解何謂心理創傷，以及孩子的創傷是因何被誘發，都是家長必須學習的功課。家長也應該明白，孩子這些看似不正常的表現，其實是對於他們曾經歷的危機或創傷事件的正常反應。

　　有位媽媽帶著小學一年級的女兒來看診，小女孩的問題在於學習困難，總是說自己這也學不會，那也學不會，因為自認學習能力差，所以做任何事都三兩下就放棄，學習意願低落。學校這陣子教五音笛，她說自己老是跟不上進度，和同學的程度差距越來越大，所以她不想學了。她還說班上同學都不喜歡她。這孩子每天晚上睡覺前，精神就特別亢奮，絮絮叨叨講個不停，所以很難入睡。小女孩記性差，媽媽說的話她總是過耳即忘，需要旁人不斷提醒。最近她在學校經常肚子痛，痛到必須送醫護室休息。媽媽說，這孩子二歲前是個勇敢的好奇寶寶，對於新奇事物總是躍躍欲試。但是就在三歲左右，她開始變得胃口差，很容易疲累，對學習不再感興趣，專注力也減退。

　　我請小女孩的媽媽仔細回想，這孩子在二歲到三歲之間，是否發生過哪些事？媽媽好不容易回想起，孩子二歲半左右，家人帶她搭船出海遊玩，當天海上風浪大，船搖晃得很厲害，二歲多的孩子嚇得嚎啕大哭。回家以後，她對於晃動的東西，像是被風掀動的窗簾、在風中搖曳的旗子、轉個不停的電風扇等，似乎感到特別害怕。此外，小

女孩對某些聲音也很敏感，例如風鈴聲、鼓聲、銅鑼聲，都會讓她十分緊張。經歷了這次的創傷事件以後，孩子變得逃避困難，專挑輕鬆的事情做。

絕大多數家長都不敢相信，只是一兩件看似無傷大雅的生活小插曲，竟會造成孩子嚴重的創傷，影響所及如此深遠。孩子的學習困難必定事出有因，家長需要專業的老師、醫師、治療師等，協助釐清可能的問題所在。

另一位媽媽帶小學三年級的女兒來看診。她說自從女兒升上三年級，老師開始指派回家作業以後，她們母女的關係就變得很緊張。其實老師指定的回家作業很簡單，不過就是六個生字各寫五遍，全部加起來也只有三十個字而已，女兒竟然要耗上二個小時。媽媽每天陪她寫功課，陪到火冒三丈高，煩不勝煩。大家一定很好奇，這二個小時究竟是如何度過的呢？原來，小女孩寫完三十個生字用不了十分鐘，但是她非得用一小時五十分鐘來抗拒寫功課這件事。大人不了解的是，孩子逃避或反抗該做的事，其實也是一種創傷後壓力症狀的表現。

小女孩在家中排行老大，父母經常在孩子面前激烈爭吵，渾然不知他們劍拔弩張的關係對孩子而言是多麼可怕的事。這孩子從小就非常瘦弱，胃口差，體力不濟，經常疲累。對她來說，在學校上了一天課，體力早已不堪負荷，即使回家作業少得不能再少，創傷的孩子仍會極度抗拒任何外來加諸自己的負擔。因此，當孩子一再說「不要」

的時候，就表示他真的覺得「夠了」，他的內在已經承受不起，這一切對他而言早就超負荷。但是大人只看到孩子為何這麼拗，寧可掙扎近二個小時來抗拒十分鐘就可以寫完的區區三十個字。

就以這個小女孩來說，她需要的是充分休息。父母可以先爭取老師的諒解，允許小女孩一個月不寫功課，在這個月裡，每天放學回家後早早洗澡吃飯，早早休息，過規律的生活，配合醫生調理她瘦弱的身體，大約一個月就可以見到改善。

可是多數家長不明白問題的關鍵所在，用錯力氣與孩子對槓，未能給予孩子正確的支持，結果大人越吼越兇，孩子越害怕退縮，形成難解的惡性循環。

8-2 . 行為異於平常就該制止？

經歷可怕事件之後，無論事情發生在大人或孩子身上，大人小孩都會受到創傷。而當孩子出現創傷後壓力症狀，父母為了處理孩子的創傷後果，自己的神經系統也會超載，面對生活中的挑戰感到無能為力。

孩子因創傷造成的身心症狀，常令他們表現出異於平常的行為，例如，看似無關緊要的日常小事也可能刺激他們，為細故突然翻臉，攻擊手足或玩伴，或是變得愛哭，微不足道的事也讓他們哭泣老半天；以前對他們有效的安撫方式，現在都不管用了；有的會經常尿急，每隔幾分鐘就得去小解，甚至會尿床；或是難以入睡、半夜尖叫哭泣、磨牙、怕黑、怕鬼、怕一個人洗澡上廁所、睡覺時不讓人關燈、總是需要人陪等等，這些都是警訊。而且以上表現並不是幼兒的專利，筆者也見過國中三年級的孩子黏著媽媽，洗澡上廁所都要媽媽陪。

此外，不斷重複問同樣問題，也是創傷後的症狀。有位國小二年級男童，因為上課坐不住，經常擾亂課堂秩序，讓其他學生不得安寧，老師對他也失去耐心，在體制內學校被貼上過動標籤。這孩子後來轉到我們學校就讀，一年後學習狀況逐漸上軌道，唯獨每天都要一而再地問媽媽：妳愛我嗎？媽媽妳愛我嗎？妳真的愛我嗎？

這問題從孩子二年級一直問到三年級，媽媽總是再三向男童保證自

已很愛他，男童卻似乎不願相信。終於有一天，媽媽按耐不住，問兒子為什麼天天問同樣問題，男童這才說出真相。這個風相氣質的孩子，原本就比較不容易安靜下來，他讀幼兒園的時候不喜歡睡午覺，看到小伙伴們都在夢周公，無聊的他會故意發出聲音。老師嫌他不守秩序，有幾次將他拉到二樓的樓梯欄杆前，威脅他說如果再擾亂午睡秩序，就要把他從欄杆上推下去。對幼兒園的孩子來說，這是很可怕的驚嚇事件，但是當時的他畢竟年紀太小，回家後也不懂得如何對父母表達，這恐懼就深埋在心底，直到國小三年級才講出來。這孩子還說，那間幼兒園好恐怖喔，媽媽妳送我去那麼恐怖的學校，一定是不愛我。如果不是孩子親口講出來，大人真的無法想像孩子的創傷究竟從何而來。

創傷後的孩子也可能變得很頑固倔強，不願聽大人的話，乃至完全不守規則；更嚴重的還會對爸媽拳打腳踢，甚至自我傷害。

有個幼兒園大班的小女童，每到小週末的午休時間，就不斷啃咬自己的大拇指直到流血。老師觀察了幾個星期，介入了解她的家庭狀況，才知道女童的父母每個週末都得工作，只好暫時把孩子送去爺爺奶奶家。小女童幼年時有過創傷經驗，所以黏媽媽特別緊，每到星期五，她知道第二天必須離開媽媽，就開始焦慮不安，不自覺啃咬大拇指來緩解緊繃的情緒。

孩子的這些行為看似不正常，大多數台灣的父母很難接受孩子異於平常，所以會急於「導正」，只想要孩子趕緊「恢復正常」就好，而未

能深入了解孩子不正常的表現背後，究竟有何隱情。家長們最常採取的手段，就是強力制止，甚至不惜動用打罵方式來矯正孩子。

有個小女孩老是故意說反話，和大人唱反調，成天「不要不要」的皺眉撇嘴，把大人都惹惱了，卻又對她無可奈何。小女孩的爸爸認為教養孩子是父母應盡的責任，所以只要一逮到機會，就不停對孩子「曉以大義」，從碎念不休到失去耐心大聲吼叫，對小女孩完全不起作用，她依然故我，就是要和大人作對到底。

也是一名小女孩，就讀國小一年級的她，出身家教嚴謹的成長環境。她非常瘦弱，體力很差，經常哼哼唧唧，抱怨好累呀、好難受呀。面對成天唉聲嘆氣的女兒，她的父親作法很簡單粗暴，就是直接命令女兒「閉嘴」，不准唉唉叫，反正孩子只要不發出聲音，就當作沒事。

8-3 . 孩子需要情緒穩定的大人陪伴

孩子處在極度的壓力狀態時，需要平靜而且心智穩定的大人陪伴。然而創傷其實是有感染力的，大人雖然並未親身經歷孩子的創傷經驗，可是當孩子進入創傷情緒時，大人也很容易受到影響而跟著發脾氣。所以孩子在家哭鬧不休時，建議由父母當中情緒比較穩定的一方去安撫孩子，以避免在安撫過程中，大人的情緒也被挑起，安撫不成反節外生枝鬧成一團，製造更多問題。

一名國小一年級的小女童和媽媽關係緊張。我後來了解到女童媽媽小時候經歷過嚴重創傷，經常和自己酗酒、賭博、家暴的父親發生衝突，不難想見那是多麼驚恐而黑暗的童年。這位媽媽說，只要女兒和自己頂嘴、反抗、做出吐舌頭翻白眼的動作表情，或是心不在焉的隨口回應她，她就會感到不受尊重而惱怒。雖然媽媽總是努力克制自己不快的情緒，安撫女兒或滿足女兒的需求，可是她也有 hold 不住自己情緒的時候。理智斷線的她會完全變一個人，和女兒互相嘶吼，在家中上演世界大戰。像這樣，面對孩子進入創傷情緒而胡鬧時，大人有時顯得冷靜寬容，有時卻跟著孩子的情緒起舞大發雷霆，反而讓孩子更焦慮，不明白自己哪裡做錯了。

誰來擁抱那個發脾氣的大人？

　　有個小學一年級男童，上課經常恍神，對老師的話有聽沒有到，老師個別指導他的時候，他連連稱好，都說自己知道了，但是回家寫作業還是頻出錯，就連抄寫老師黑板上的國字，也經常把部首寫成左右相反或上下顛倒。但他偶爾卻完全換了一個人似的，正常不出錯。老師約談小男童的媽媽，說明孩子可能有一點學習上的困難。媽媽回家後百思不得其解：自己的孩子為什麼會有「學—習—障—礙」？！這是一位風相氣質的媽媽，風相氣質的特性就是會把現實放大成百倍的感受，老師分明說孩子有「一點點學習困難」，媽媽卻理解成孩子有「嚴重的學習障礙」。媽媽自己嚇自己，憂心孩子的未來，到了茶不思飯不想的地步。我和導師討論這孩子的學習困難通常在何時發生，仔細觀察過幾次以後，發現小男童在緊張焦慮，甚至恐慌的時候，就無法理解老師的話，僅僅抄寫黑板的國字也會頻出錯。老師跟媽媽約談之後，小男童犯錯的機率竟然比以前還要高了。

　　這回輪到我和小男童的媽媽約談，這才知道媽媽自從聽到老師說孩子有「學習障礙」之後，變得很焦慮，陪伴孩子做功課時，看到孩子稍有不專心或出錯，就控制不住情緒大聲責罵。孩子感受到媽媽的焦慮情緒，自己跟著恐慌起來，影響到他的學習能力，導致他在課堂上更難以專注。

　　這位媽媽和我聊起自己小時候也有學習困難，做任何事都會搞砸，

經常被責罵，讓她極度缺乏自信。所以當她得知孩子竟然步上自己的「後塵」，她無法接受現實，陪孩子做功課時，看到孩子犯錯她就有氣。約談後的第二天，媽媽給我寫了一份回饋，她說自己沉澱了一個晚上，現在想起來仍然覺得很難受，她也意識到兒子目前遭遇的問題，其實是她這個媽媽自己的內在小孩造成。她昨日回去以後，與孩子的爸爸深談，才知道自己在另一半的眼裡就只是個三歲小孩，所以她是小孩帶小孩。孩子的爸也不明白，她為何如此糾結於兒子的功課，學不會可以繼續學，犯錯就修正，用不著大發雷霆呀。媽媽這才發現，原來丈夫比她強大、有包容性。她邀請丈夫陪她一起努力，至少一個月不對兒子發脾氣，丈夫也一口答應了。這位媽媽說，只要可以讓孩子變好，再困難她都願意改變。

她與丈夫談完以後，轉而向兒子坦承自己對他太兇了，並且向兒子道歉，保證以後不會再對他大吼。沒想到七歲的兒子竟然稱讚她說：「媽媽妳好棒喔，不會的事就練習，沒有關係的。」兒子的話讓她十分慚愧，原來孩子比大人更有智慧啊。

一名四歲小男童就讀華德福幼兒園，媽媽因為小男童每天入睡困難，總要哄一個半小時到二個小時左右才能夠睡著，而且睡著以後還會磨牙，所以帶他到我的診所看病。小男童體型十分瘦弱，父母在他三歲的時候離異，由父親撫養，父親傾向嚴厲教養的方式。這位父親因為工作關係必須經常出國，所以主要照顧者是祖父，而祖父十分疼愛這個小孫子。一天，小男童的父親到幼兒園接兒子放學，正好看到其他園兒打

了他的孩子，他的孩子並未還手，而是轉身離開。父親無法忍受男孩子如此「懦弱」的反應，怒氣沖沖地對兒子大吼道「打回去」！父親這一吼，不僅打人和被打的兩個孩子嚇哭了，就連旁邊的老師和其他小朋友也嚇得目瞪口呆。孩子的爸爸會出現如此過度自我防衛的反應，來源於自己幼年的創傷經驗，所以他經常對四歲的兒子耳提面命說，你給我當個男子漢！面對嚴厲的父親，小男童平日有任何委屈都不敢說出口，難過的時候也不敢大聲哭出來，而且他非常害怕雷聲，只要看到外面陰天，可能會打雷下雨，他就不肯外出，不願上學。說實在話，一個還在包尿布的四歲幼童，要如何當男子漢呢？

無論是父親還是母親有創傷經驗，面對孩子的情緒時，自己的創傷很容易被挑起，產生自我投射反應。在這種情況下，即使身為父母，也很難保持成人清晰的意識與孩子進行正確互動，反而任憑自己受創傷的內在小孩去傷害自己親愛的孩子。

如果理解這樣的事實，當大人對孩子發脾氣時，我們也不必去責怪大人，而是要去擁抱那個受創傷的內在小孩，告訴他「你辛苦了」。我曾建議一位媽媽，當他的先生對孩子暴怒時，媽媽不要只是在一旁看著，或是自己也跟著生氣，她可以嘗試用更積極的方式，去擁抱自己暴怒的另一半，安撫他的情緒。但是這位媽媽回答我說，「吼，妳不知道，我氣他都氣瘋了，這種時候我怎麼抱得下去！」確實很難，但我們必須了解到，孩子就像是父母的一面鏡子，孩子會投生在自己家，就是要幫助我們看見自己。父母的問題都會在孩子身上映照出來，孩子的問題越

多，越是在敦促父母做更大的成長。我們愛自己的孩子，所以願意為孩子自我改變，孩子的問題會成為我們進步的動力。因此大人看到孩子有問題，不能只想著壓制下來就好。

施泰納博士說，孩子身邊不需要完美的大人，但是需要願意越來越好的大人；只要大人進步一點點，孩子就會前進一大步。如此高 CP 值的好事，大人一定要知道。

誰需要治療？

孩子出現行為問題或學習困難，家長的焦慮指數就會直線上升，除了找家教或補習，加強課業學習之外，多半還會帶孩子接受治療。但是要讓受創傷的孩子接受治療必須謹慎安排，因為這些孩子非常敏感，治療師或醫師如果用語不當，很容易讓孩子誤以為自己有病，或是不正常，造成孩子更嚴重的自我貶抑，甚至極度排斥治療。

孩子仍在經歷成長過程，尚未完成意識開展，如果提供他們友善的學校環境、正確而適當的教育方式以及家庭教養，孩子的問題很快就會得到改善。許多時候，孩子接受各種治療都成效不足，主要是因為學校環境不友善，或是給予孩子的關愛不足，也可能是未有效處理或進一步改善家庭氛圍及父母本身的問題，才使得孩子的治療徒勞無功。

孩子的創傷如果是來自於家中的大人，那麼更需要接受治療的其實是這些大人。不像孩子仍在成長當中，一年比一年開展得更成熟，大人

的問題已經在體內僵化，想要改善自身的問題，必須依循身體治療、上課學習、修行三種途徑次第著手。大人的僵化使他們無法直接從思想層面轉念，而必須先透過身體治療，使體內僵化的部分開始流動。

關於身體治療，人智醫學提出「律動按摩」這一輕柔觸動的手法，幫助身體在無意識中溶解創傷所造成的僵化。上課學習則提供更有智慧的問題解決方法，或是借鏡他人突破生命困境的手段，進而看見自己卡住的困難點，藉此更加認識自己。至於「修行」，大可不必與任何宗教聯想在一起；簡單的說，修行就是「修正自己的行為」，當我們透過身體治療與上課學習，認清自己的問題所在，接下來就是自我修正。這當然不是一兩天的事，而必須經年累月，甚至終生的自我鍛鍊，從自我覺察、接納自己的現狀開始，然後才能夠在行動上自我改變。

我個人與家長、病患一起工作的過程中，發覺女性比較願意接納自己的問題，並嘗試改變；相較之下，男性對於自己的問題，通常傾向逃避或排斥。由於男性的大腦在智力上普遍優於女性，所以他們習慣用腦袋解決問題，而且對於智力不如自己的另一半所提出的建議，他們也不屑一顧，因此經常處於「用腦不用心」的狀態。然而，大人與孩子相處，建立親密的親子關係時，需要的是用心，而不是用腦，所以男性「用腦不用心」的結果，是聰明反被聰明誤，成為自我進步的阻礙。

8-4 . 如何為孩子建構安全的生活空間

提供健康均衡的飲食

什麼是健康的飲食呢？用一句話簡單概括，就是「按照節奏進食三餐，吃有大自然節奏的食物」。按照節奏進食三餐，是指每天三餐時間規律，有固定的用餐時間。如今很多孩子早上沒胃口，不吃早餐就去上學。早上吃不下，這是需要治療的健康問題，而不是直接省去早餐了事。

依照大自然節奏生長的食物，是指天然的食物，而化學合成的食物就沒有大自然的節奏可言。

施泰納博士說「點燃人的生命者，是肝臟」，肝臟是人體的生命中樞器官，它是製造生命物質的主要器官，而欠缺節奏的生活，或是常吃沒有大自然節奏的食物，都會損傷肝臟和脾臟。肝臟主掌勇氣，脾臟主掌意志，健康的肝臟和脾臟幫助我們和過去不良的經驗道別，並朝向正確的生命道路前進。一旦肝臟和脾臟弱化，就會阻礙受創傷者的療癒。

大人幫孩子選擇食物時，還要特別留意避免攝取過多的磷和氮。過多的磷會造成孩子控制不住動手動腳的驅力，助長攻擊性，而偏偏

高磷的食物，例如香腸、火腿、肉乾、氣泡飲料、發酵茶等，又是孩子的最愛。氮則會刺激神經，使孩子亢奮，靜不下來，做出更多爆炸性的行為。常見的高氮食物有動物性蛋白質，比如肉類，還有豆類及其加工製品，施加氮肥的非有機蔬菜也往往含有過多的氮。

糖同樣是必須嚴格控管的食物，科學界已經有非常多的研究報告證實，吃糖會加重孩子行為過動或注意力不集中的症狀。肝臟功能弱化或是自我意識薄弱的孩子有一特別現象，就是偏好吃糖；倘若觀察到孩子特別喜歡甜食，就表示這孩子需要幫助了。

給予充足且有品質的睡眠

創傷經驗的孩子記憶力比較弱，學過就忘，這樣的孩子特別需要充足的睡眠，來支持新陳代謝過程將白天理解的內容轉成記憶保存下來。有些因為創傷而缺乏安全感的孩子，睡前一定要特定的人陪伴才能夠入睡，比方說指定要爸爸或媽媽陪。但是這位家人未必每天晚上都能夠按時陪在孩子身邊，這會造成孩子的睡眠時間不規律，加重體內主要的節奏器官心臟的工作負擔，讓心臟運作變得吃力。

我們白天接收的過度刺激，會形成內在壓力，這是一種持續存在的無意識壓力，導致身心始終處於「戰或逃反應」之中，缺乏中間的緩衝能力。身體處在這種持續的緊張壓力下，新陳代謝系統會透過腎上腺產生壓力荷爾蒙（例如腎上腺素、皮質醇、多巴胺、去甲腎上腺素），造

成神經系統緊繃。

對幼兒來說，過度疲累也會引發上述的新陳代謝反應，導致睡不著、易怒、興奮、一般性的神經緊張，這種時候很難讓孩子冷靜下來好好入睡。所以我們會看到孩子越累，情緒越多，越無理取鬧。也常聽到家長抱怨說，每晚睡前都得用幾個小時哄孩子入睡，自己累癱了，孩子還睜大眼睛不肯睡，這其實是孩子情緒過度亢奮、神經過於緊張所造成的結果。

孩子的睡眠被剝奪得越厲害，情緒就越亢奮，這會使得他們經常處在各種不同的激動狀態或警戒狀態。身體為了應付這些狀態而分泌壓力荷爾蒙，強烈加重肝臟負擔。在教育、精神病學和各種治療當中，肝臟是意義最重大的器官。一旦肝臟弱化，療癒過程就會變得更加困難。

此外，睡眠不足對初階感官裡的觸覺傷害極大。一個人倘若具有良好的觸覺感官，他會處在「受到包覆而享有充分保護的安全感之中」。而品質良好的睡眠就能夠促進這種安全感。睡眠不足會導致孩子觸覺失調或損傷，使得自身的保護膜受損，變得太容易受外界風吹草動的影響而過度敏感。

我也經常提醒家長，現在的孩子容易神經興奮，所以睡前就不要再講床邊故事了。睡前講故事會刺激孩子的神經更醒覺，不了解其中道理的家長，又傾向挑孩子喜歡的故事講，有的孩子愛聽三國演義，內容全是鬥智鬥勇、令人血脈賁張的情節，刺激孩子更加清醒。比講床邊故

事更理想的是「睡前儀式」，陪伴孩子一同回顧這一天做了哪些事，鼓勵並且肯定孩子這一天的努力，然後為明天祈禱。完成這套睡前儀式以後，接著幫孩子做膝蓋以下的下肢按摩。為很難入睡的孩子做睡前的下肢按摩尤其理想。說是按摩，其實是溫柔的輕撫下肢，幫助孩子容易入睡，並且得到深層有品質的睡眠。

促進機體溫暖

本書第二章曾說明，人體上端的組成（感知身和自我意識）必須在身體溫暖的前提下，才能夠進入物質生命身運作。所以家長應該幫助孩子保持身體溫暖，吃性質溫暖的食物，做好保暖工作，並且避開造成體溫下降的生活地雷，使體溫經常維持在 37℃ 左右。孩子渾身暖呼呼，上端的感知和意識便能夠順利進入身體，並且錨定在體內。

我們幼兒園中班有個孩子，經年累月都在吃藥，因為家長對於孩子生病或發燒總是非常緊張不安，孩子稍有一點不適，就趕緊給他服用抗生素、消炎藥。幼兒園規定每天幫孩子量三次體溫，這孩子的體溫永遠都在 36℃ 以下，顯示經常用藥已經讓孩子的體溫下降。體溫低說明這孩子溫暖不足，他的感知和意識也就經常不在體內，時不時掉入恍神、發呆狀態。幼兒園孩子早上到公園晨間健走，帶著一身汗回到教室以後，老師會提醒大家從書包裡拿出乾爽的衣服來換，但是這孩子拿起書包以後就呆坐地上，如果沒有老師特別提醒，他會一直失神，完全忘記

要換穿乾淨衣服這回事，甚至一坐半小時動也不動，處在關機狀態。五歲就已經如此恍神，很難想像他進入小學以後，老師不再處處叮嚀，這孩子要開始從事智性學習會是多麼吃力的事。

Chapter 9

救救老師們

9-1 . 老師面臨的困難

　　如今的少子化使得學校裡的班級學生人數比過去精簡許多，然而老師所要面對的教學挑戰，卻比以往都艱難。教室裡只要有個孩子坐不住，在課堂上任意活動，或是和身邊的同學竊竊私語，就已經對老師的授課形成極大挑戰。何況班級裡面絕對不會只有一名這樣的學生，老師既要處理這些干擾課堂的孩子，又必須動用很大的生命力量去喚醒那些在上課中恍神的孩子，這些都讓老師在面對做出挑釁行為的學生時常感到無助，彷彿自己就要被淹沒在學生的各種異常行為裡，甚至瀕臨崩潰邊緣。

　　我的一位病人是任教於國中的女老師，她每隔一段時間就會來找我看皮膚病。每次皮膚病大發作的原因，都是她在課堂上大發雷霆。人只要一動氣，就會造成肝臟氣滯血瘀，影響代謝功能，難以循正常管道代謝的毒素只好從皮膚排泄。這位女老師的皮膚病已經斷斷續續看了十年，她還有失眠問題，每晚都要久久才能夠入睡，熟睡的時間也很短暫，特別是每到週日晚上，一想到明天開始又必須面對一整個星期的艱苦奮鬥，她就非常焦慮難熬。數一數日子，距離退休時間雖只剩三年，對她而言卻似乎遙遙無期。我看這位老師勉強撐在自己的工作崗位上，為此耗竭生命力，以這般疲乏的身心狀態，已經無法帶給孩子有活力的

教學，因此我建議她何不考慮提前退休。

對那些坐不住而看似過動的孩子，心有餘而力不足的老師會傾向建議給予「利他能」之類抑制過動的藥物。然而，這類藥物會帶來焦慮、失眠、厭食、噁心、暈眩、心悸、頭痛、類似妥瑞症的肌肉不自主運動、昏睡、血壓上升及脈搏改變、心跳加速、心肌缺氧、心律不整、腹痛、藥物依賴等一連串可怕的副作用，甚至引發妥瑞症、聽幻覺、視幻覺、觸幻覺、誇大妄想、攻擊行為、如同抗精神病藥物引起之惡性症候群（發燒、肌肉僵硬、意識改變、自主神經系統異常等）。受創傷的孩子之所以出現類似過動症狀，是內在的焦慮不安引起，如果讓他們服用這類藥物，反而可能加重他們原本的焦慮和攻擊行為，落得該解決的問題未能解決，反而製造更棘手的後果。

面對孩子的行為問題，學校老師還有一種處理方式，就是立刻電告家長，請他們把孩子接回家。我的一位病人和我聊起她就讀國中二年級的孩子，在學校與班導師不合，孩子說班導師看他不順眼，經常故意挑他毛病。這位媽媽三天兩頭接到學校老師的電話，動不動要媽媽把孩子帶回家。因為發生的頻率實在太高，媽媽一聽到電話鈴響就緊張，如果顯示號碼是學校來電，她整個人立刻恐慌起來。

孩子看似無法理解的脫序行為，以及老師所不熟悉的怪異行為，都在挑戰老師原有的中心價值與生活規則。事實上，孩子這些異於平常的行為只能說是他們「對不正常事件的正常反應」，其關鍵就是創傷事件。

但是很多老師卻常常將它們視為「不正常小孩的正常反應」，把孩子貼上「不正常」的標籤。老師或許認為這些學生的行為違反了他們的教學誠信和個人價值觀，因此學生的攻擊行為或是不恰當語言會激起教師的攻擊性，有時甚至給予學生暴力回應。

老師在面對自己的無助感時，可能會為了自身的解脫而責罵學生「沒救了」、「孺子不可教也」，甚至說孩子是「忘恩負義」。我們不能忽略每個孩子都是帶著自己的生命經驗來到每天的教育現場，而老師也是帶著各自的生命背景來教學。不容諱言，老師的生命動機和經歷可能會妨礙受創的孩子去找到他們對生命價值的真正理解，而且這樣的破壞力通常是在他們不自覺當中發生的。比方說，原本應該協助孩子的老師或治療師等專業輔導人士，如果未能充分反思自己的生命經歷和動機，他們可能反過來利用受創的學生來克服自己的創傷。

面對受創孩子的生命故事，老師們也可能將教育依附的角色帶入情緒壓力所能承受的極限。他們內在的信念可能被徹底動搖，他們的價值觀和信仰可能受到質疑，他們也會被難以應對的情緒和思想所困擾。我的一位病人本身是專業心理諮商師，在一所國中擔任輔導老師。自從進入學校工作以後，她常常身體不適，特別是每次接到高難度的個案時，她會胃痛、腹瀉，回到家面對自己的孩子變得失去耐性，而且夜夜失眠。看到孩子因為某些經歷而恐懼、萬分痛苦時，老師們會特別感到自己的無能為力，這份無力感可能影響他們自己的生活，甚至摧毀自身的安全感，乃至剝奪自己生活中所有的快樂。

9-2 . 老師救人慧命

　　筆者自己是醫師，行醫的工作之所以普遍受到社會尊重，是因為我們可以救人性命。但是我個人更加推崇教師的工作，因為良師能夠引領學生走上光明的道路，改變孩子的一生。然而，老師的情緒卻也可能把學生打落黑暗地獄，所以我們的社會文化賦予老師的身分和職業極高標的要求和期待。教育者的人格特質在創傷教育學裡面是最最重要的關鍵所在。神經學研究發現，就兒童發展來說，教師的典範對於減緩孩子的創傷經驗及療癒過程都具有決定性影響。受創的孩子特別需要成人做為典範，提供療癒的圖像和經驗。施泰納博士說，教育裡最重要的，不在於老師教給孩子的知識，而是「站在孩子面前的，是個什麼樣的人」。

　　華德福教育在創始之初，就把教師的壓力處理視為不可缺少的一環。施泰納博士強調，有些事說起來容易，做起來卻很難，但這些是所有教師必須謹記在心的黃金法則，也就是「教師絕對不可以變得枯燥或苦澀，而要努力保持內心生機勃勃，並充滿活力」，尤其是在一個比任何其他教育體系都更注重師生關係的華德福學校裡，教師的態度成為教育品質的主要因素之一。

　　施泰納博士曾舉辦數百場研討會與培訓課程，帶領教師們透過內在工作和自我教育，來挖掘創造性的生命泉源；同時，華德福教育為教師

203

的壓力管理，以及預防教師的精疲力竭，提供特殊方法。這套實施方法基於特殊練習，幫助教師找到激發活力和創造力的泉源。使用這些練習的過程，就稱為「教師的內在發展」。「教師的內在發展」並不在本書的討論範圍內，特此附上相關文獻[*]，提供有興趣的讀者參考。

---

[*] Steiner,1992，CW10；Schiller,1979；Lievegoed,2002；Smit,1989

9-3 . 我們可以為老師做什麼？

親師配合

孩子在家中受苦，或是因為家庭氛圍引發問題，會在學校表現出異常情緒或行為；而他們在學校遭遇困難或挑戰，也會在家中經由情緒發洩等表露出來。所以孩子出現問題時，經由親師配合共同解決問題尤為重要。家長和老師若未能密切溝通，一同討論出孩子的全貌，就可能存在歧異或誤解。在華德福學校裡，老師時時在進行「兒童觀察」，仔細了解每一位孩子的發展狀況，做成觀察報告。也因此，很多時候老師對孩子的了解比父母深入許多。

某次，我們學校老師拿出一個月來對孩子的觀察報告，和家長討論如何協助孩子，讓這位孩子的媽媽驚嘆不已。她說她自以為是孩子肚裡的蛔蟲，沒想到天底下竟然還有人比她更能洞悉自己的孩子。這是一位教養孩子非常用心的媽媽，但她畢竟不是教育專業人士，所以不是很了解孩子某些行為背後所代表的意義。當老師洞悉孩子需要協助的重點，給予家長建議時，家長若願意配合執行，最大的受益者當然就是自己的孩子。

適時將干擾課程的孩子帶出來，從事一對一工作

當孩子在課堂上吵鬧或干擾課堂進行時，需要有另一位老師把孩子帶出來，進行一對一工作。在課堂上很難專注的孩子，只要對他進行一對一輔導，他們的表現都非常值得讚賞，這表示他們很需要別人全然的關注。但是在二十多名學童共學的課堂上，老師無法分分秒秒單獨關注這樣的孩子。話說回來，學校也無法全天候供應如此的「家教式教學」，何況這麼一來，孩子會失去與同儕一起學習的機會，所以我們只在有需要的時候，才將孩子個別帶出共學的課堂，進行一對一工作。

有的孩子會在課堂進行中途忽然跳出窗戶，或奪門而出，老師如果追出去，課程勢必被迫中斷，其他孩子也會被晾在一邊，這時候同樣需要另一位老師幫忙關照離開課堂的孩子。在此必須特別澄清的觀念是，將孩子帶出課堂一對一工作，是因為他有個別需要，而不是因為這孩子上課不乖，所以將他帶出去，不讓他上課。倘若如此負面解讀，那麼一對一工作就形同是一種懲罰行為，然而事實絕非如此。

在學校設置校醫

創設華德福學校的十二項基本條件當中，有一項是學校必須設置校醫。校醫不僅可以從醫學角度協助老師觀察孩子的狀況，更是直接支持老師健康的主要力量。

　　那麼，一位醫師可以如何幫助老師觀察孩子的狀況呢？舉例來說，有的孩子對課堂活動意興闌珊，總是躺在地上或趴在課桌上休息不想動，從教育學觀點來看，可能會認為這孩子對學習缺乏熱忱；但是從醫學角度而言，醫生觀察孩子的臉色、舌苔及身體發展，進行腹部觸診等理學檢查以後，可能會發現這孩子其實是因為消化功能不良，所以渾身乏力，表現出懶洋洋的態度。缺乏學習熱忱與身體無力不想動，是完全兩回事。倘若孩子是因為脾胃虛弱缺乏動力，那就要尋求治療，好讓脾胃功能恢復正常，賦予肌肉力量，才會有足夠動力參與學校活動。

　　華德教育在台灣，從一開始的篳路藍縷到如今遍地開花的過程中，我曾支持過許多華德福教育團體，深刻感受到華德福老師們的教育熱忱，但是我也發現不少老師面有菜色，好像快要被自己的工作累垮了。所以我自己創辦華德福大地學校以後，特別注重照顧老師的身心健康。事實上，在教育現場的老師生病了，很難找出時間去看醫生。一來是請假不容易，二來是下班後才去看醫生，排隊候診動輒兩小時，如果需要調理身體，還得經常往返醫療院所，對於放學後又得備課的老師來說，造成很大的負擔，更遑論自己家裡還有孩子要照顧的人，根本是分身乏術。所以老師這份特殊的職業，確實需要特別的身心照顧。

　　以上，將干擾課程進行的孩子帶出來從事一對一工作，以及在學校設置校醫，都事關專業人力的配置，尤其是要聘用專業醫師到學校工作，難度更高，而且華德福的校醫需要接受全套的完整教育學培訓，才能夠真正與教育現場連接。這一套漫長的培訓，對於向來工作忙碌的醫

生而言，無疑是難以跨越的高門檻。但是，知道需要些什麼，總比什麼都不知道的好，雖然無法一蹴可幾，然而千里之行始於邁開第一步。當有人提出這些需求，大家集思廣益努力滿足需求，改變就開始發生了。

Chapter 10

我們還可以
做些什麼呢？

　　關於孩子面臨創傷困境的解決方案，除了前面九大章節說明的許多可待實踐和改善的事項之外，常常也需要直接強化體內弱化的器官，並創造更穩固的身體界限，協助錨定身體的上端組成。

　　由施泰納博士和伊塔‧韋格曼醫師（Dr. Ita Wegman）所創建的人智醫學，為我們提供了許多治療方法，例如人智醫學居家護理、律動按摩、優律思美治療、音樂治療、言說治療，還有藥物治療等，都能夠因應孩子的個別需要組合出不同的治療方案。

10-1 . 外治法

人智醫學的治療和護理，常透過「外治法」來幫助焦慮的孩子或大人。所謂「外治法」，就是在皮膚表面進行各式各樣的處置。皮膚是人體最大的感覺器官，裡面神經密布，施加於皮膚的治療，等於間接作用於神經感官系統。創傷的孩子內心充滿傷痛，導致不安感和焦慮感如影隨形，透過在皮膚上輕柔按摩、塗抹適合的藥膏或敷布，能夠為孩子創造第二層保護膜。

以下介紹一些人智醫學常用的療方，任何人都可以在家自行操作，方法雖簡單，卻能發揮莫大助益。這些療方全部採用天然有機材料，經過德國 WELEDA 藥廠和 WALA 藥廠以特殊製藥過程生產製造。

一 . 銅膏（Copper ointment）

外用的銅膏會促使溫暖從身體周邊穿透到內部，並調整身體周邊和內部中心之間的溫暖正確分布。其溫熱效應與舒緩緊張的效應，特別適用於腎臟問題及呼吸系統、神經感官系統等問題。

適用範圍：

- 身體中心缺乏溫暖，例如腹部冷痛；身體周邊缺乏溫暖，例如手腳冰

冷；溫暖分布紊亂，例如上半身熱而下半身冷。

- 壓力很大或易興奮的人，頸部出現僵硬緊繃現象，在睡前用銅膏輕輕按摩後頸部。

- 用於腎臟按摩，尤其是腎臟區域寒冷的人，例如支氣管哮喘、支氣管炎留下的咳嗽後遺症、未伴隨發燒的呼吸道疾病如鼻竇炎、精神疾病的激動狀態、童年和青春期的口吃問題等。睡前將銅膏薄薄塗抹於腎臟區域並輕輕按摩。

- 腹部寒涼感或疼痛，例如胃病和胃潰瘍發作、痛經、在競爭壓力下產生的神經衰弱和過度勞累、緊張和精疲力盡感、出自壓力和完美主義的挫敗感。睡前取少量銅膏輕輕按摩腹部。

- 新生兒、嬰兒和學步兒的腹部絞痛。有些兒童的身體特別寒冷，或生活在冷漠的情緒環境中，容易便秘或腹痛。可在換尿布時，於肚臍周圍順時針方向塗抹極少量（一粒米大小）銅膏。幾天後改為睡前塗抹銅膏。

- 早上起床問題，例如清晨發作的癲癇，或是焦慮、恐懼、驚嚇般的醒來。睡前將銅膏薄薄塗於手指尖和腳趾尖，輕輕按摩。

二、鐵膏（**Ferrum metallicum 0.4% Ointment**）

早餐前，用鐵膏輕柔按摩肝臟，然後用銅膏按摩脾臟。鐵（火星的力量）可以促使淤阻停滯向前移動，而這些新產生的驅力需要一個由銅

（金星的力量）所提供的容器來迎接。

慢性病患的表現，尤其是創傷受害者「卡住」的情況，正是在「放下過往，迎向新開始」的這一步遭遇重大困難。以這兩種藥膏按摩，令人有力量面對生命任務帶來的挑戰。

三、黃金玫瑰薰衣草膏（Aurum/Lavandula comp. ointment)

黃金玫瑰薰衣草膏賦予心魂溫暖，順暢呼吸，能夠支持自我組織和感知體的活動，特別有助於解離傾向的人。少量塗抹或使用油膏布敷在心臟區域，每天一至二次。

四、聖約翰草油（St John's wort， Hypericum)

聖約翰草的開花時間非常明確，就是在聖約翰日的六月二十四日。它把太陽的力量轉化成數不清的、如針孔般細小的油滴，儲存在花瓣和葉子裡，如同是帶著仲夏的禮物，也就是光、溫暖和生命力量而來。所以在身上塗抹聖約翰草油，就好像是把太陽的光和熱作用在皮膚上，間接修復腦神經損傷，改善憂鬱、沮喪、心魂感受的麻木、不想活的萬念俱灰等狀況。

對於尿床的孩子，睡前取濃度 20% 的聖約翰草油塗抹在膀胱區域和

大腿內側。因為焦慮而呼吸較淺的孩子，可將聖約翰草油塗抹於背部。

五、酢漿草膏（Oxalis ointment)

使用於生理或心理上的驚嚇後遺症，尤其是嚇到尿失禁或大便失禁者，以酢醬草膏在太陽神經叢區域或腎臟區域輕輕按摩，每日一次。也可以塗抹在下腹部或腎臟區域，再加上熱水袋熱敷二十到三十分鐘。

七歲以下幼兒若因為生理或心理上的創傷造成生命力弱化，可以在午睡前或晚上睡前，用酢醬草膏輕輕按摩腹部。

酢醬草膏也是恐懼、焦慮和恐慌的緩解劑，尤其是治療「越到晚上思慮和擔憂越多而變得更焦慮」的現象，可用酢醬草膏塗抹在腹部做敷布使用。

六、西洋蓍草敷布（Yarrow compress)

如果是傾向憂鬱的焦慮狀態，可以在肝臟區域做西洋蓍草敷布，用來活化肝臟的代謝機能，溶解氣滯血瘀引起的僵化現象。

七、足浴

想要幫助神經系統過度警戒或過度醒覺的孩子釋放壓力，足浴是簡單又溫和的方法。泡腳時必須找一個安靜的角落，不要邊看電視邊做，

燈光刻意調昏暗一點有助孩子平靜下來。讓孩子坐在椅子上，雙腳浸泡在溫暖的水盆裡，加入檸檬汁或薰衣草油，大腿膝蓋包覆浴巾，給予孩子安全感。

八、洋甘菊油（Chamomile oil）

對於經常腹痛的精神官能症孩子，可用洋甘菊油以順時針方向輕柔按摩腹部，再覆蓋熱水袋，緩解腹部痙攣。

九、泥煤油複方 (solum oil)

此療方最初是由伊塔‧韋格曼醫師研製出來的，那些對於外在環境和氣候特別敏感的人，或容易受到周圍環境影響造成自律神經系統不穩定的人，可以用此療方強化生命機體的活力，來降低敏感反應的強度，並且促進人體對於外在環境影響的正向回應。

有的孩子感官敏感，容易受到外界刺激而變得過度興奮或沮喪，可在每天早上孩子出門前，將泥煤油複方塗抹於胸口、背部或全身，就像為孩子形成一層保護膜。每當氣候變化就感到不舒服症狀者，例如天氣變冷即關節痛或神經痛，也可以局部塗抹此療方。

十、薰衣草按摩油

對於入睡困難的孩子，在睡前用薰衣草按摩油為其進行小腿輕撫式的按摩，幫助放鬆處於緊繃或警戒的神經系統。

而對於躁動不安、慌張、靜不下來的孩子，可以在整個胸肋上背區域做薰衣草油敷布。

10-2 . 口服療方

除了上述的外治方法，德國的人智醫學醫師對於孩子創傷後的壓力症狀和焦慮，也提供許多口服療方。以下介紹部分療方給讀者們參考，若有符合的適應症狀，請先和人智醫學醫師討論之後再使用。

一、Roseneisen / Graphit

有些孩子在心理上很享受破壞或違反所有界限的感覺，拒絕遵守規則，不願受其教養者的道德影響，也就是大人常說的「怎樣都教不會、講不聽」。這些孩子的「自我意識」沒有臨在當下，所以對教養者的回應不足。本療方的使用指標，就是孩子「被告誡時還嘻皮笑臉以對」。它透過孩子的心肺節律系統和溫暖組織，來幫助孩子正常而適度的做出回應。

二、Anagallis

施泰納博士在治療教育講座中提到，有一種孩子因為新陳代謝四肢系統太弱而無法放下印象或想法，他們的心魂感受卡在腸道器官，導致行為上僵化不能改變，其深層原因是「孩子體內蛋白質中的硫含量不足」，這時可用本療方加以治療。倘若放任狀況不改善，孩子將來可能

發展為偏執或強迫症。

三、Plumbum silicicum

此療方特別作用於「不能充分將自己與外界過程分開，而使得內在的生理或心理過程過分受到外界影響，產生與感官覺知經驗過度強烈的相關邊界障礙」。這樣的孩子常常同時具有抑鬱情緒傾向的歇斯底里狀態，看起來像是入戲太深，容易因為微不足道的細故不斷尖叫或大哭很久，無論大人如何安撫都停不下來。

四、Ignatia comp.

情緒不穩定是此療方的主要圖像，原因往往來自不愉快經歷或疾病引起的悲傷傾向。常用於兒童的反抗敵對行為問題，尤其是兄弟姐妹之間彼此嫉妒，總是在計較媽媽對誰比對自己好。

五、Amnion D30

針對童年創傷造成心魂或身體受創，本療方可以為孩子帶來受保護的感覺。特別是發生在懷孕期、圍產期和哺乳期的創傷，例如母親接受羊膜穿刺術；或是因為早產、兒童早期剝奪的影響，例如，在生命最初幾年被忽視，包括營養不足，或是被棄養等，都容易造成孩子虛弱、恐懼和缺乏保護感。體質虛弱的孩子更是對周圍的人，尤其是對母親的索

求非常密集，可能整天黏著媽媽，經常問媽媽「妳愛我嗎？」顯示母子（女）關係有重大問題。本療方為孩子帶來安住在媽媽子宮裡的安全感，即使媽媽不在身邊也能夠安心。

六、**Helleborus niger**

孩子對外界的刺激完全沒有回應，給人猶如一棵植物的印象，這表示孩子心魂感受的流動性受到抑制了。本療方可強化腎臟區域和中樞神經系統的感知活動，並且為身體的流動過程帶來生動而有節奏的動態。

本療方還可以增強孩子的記憶力。兒童心理學家 Ernst Muller Eckhardt 在他的著作《未被理解的孩子》一書中指出，「良好的記憶力與內在衝突是否能完全被消化，是有密切相關的……如果內在衝突未被解開，就會越積越多，越積越深。這些內在衝突假如只是被抑制，就會使本來非常良好的記憶力立刻失靈。」

七、**Neurodoron**

此療方常用於七至十二歲的孩子出現腦力不濟（一用腦就感到很疲憊），或放學後常常頭痛。孩子在學校的智力緊張，例如為準備考試，造成神經感覺系統過度緊張而精疲力盡；同時處理太多任務難以完成，也會出現腦力不濟或頭痛問題。

此療方還有助於修正青少年混亂的生活習慣，而且特別適用於父親在生命中缺席的孩子。不論是父親長期出外工作不在家，或是父親雖然在家但不太關注孩子，孩子主觀或客觀感受父親缺席，都可用此療方。

八、 Arsenicum album D30

有些孩子無法一個人獨自安睡，他們可能半夜害怕大叫，或醒來爬到父母床上要求同睡，此療方可有助於改善。

九、 Funiculus umbilicalis D15

感官組織有入世障礙或混亂時，此為代表製劑。適用於嬰幼兒很黏父母，一直要人抱著；孩子有被遺棄感，無法單獨睡覺；孩子有創傷史，例如母親在生產過程有問題、經歷過重病或開刀病史。本劑也常用於異位性皮膚炎或親子依附關係失調的幼兒。

國家圖書館出版品預行編目資料

病是教養出來的. 第四集, 你有所不知的創傷與學習困難 /
許姿妙著. -- 初版. -- 臺中市：人智出版社有限公司, 2022.09
　　面；　公分. --（教養系列；5）
　ISBN 978-986-96683-7-8(平裝)

1.CST: 親職教育　2.CST: 子女教育　3.CST: 病因
528.2　　　　　　　　　　　　　　111012483

教養系列 005

病是教養出來的（第四集）你有所不知的創傷與學習困難

作　　　者　　許姿妙
文字整理　　胡慧文
美術設計　　上承文化有限公司

出　　　版　　人智出版社有限公司
　　　　　　　地址：台中市烏日區仁德街130號
　　　　　　　電話：(04)23379069
　　　　　　　傳真：(04)23379359
　　　　　　　e-mail：humanwisdompress@yahoo.com.tw
　　　　　　　劃撥帳號／ 22727115
　　　　　　　戶名／人智出版社有限公司

總 經 銷　　紅螞蟻圖書有限公司
　　　　　　　地址：台北市內湖區舊宗路二段121巷28‧32號4樓
　　　　　　　電話：(02)27953656
　　　　　　　傳真：(02)27954100

版　　　次　　2022年9月　初版一刷
定　　　價　　360元
國際書號　　ISBN：978-986-96683-7-8（平裝）